WISSEN KOMPAKT

Claudia Eckstaller
Ingrid Huber-Jahn

Private Equity und Venture Capital

Begriff – Grundlagen – Perspektiven

Verlag Wissenschaft & Praxis

Bibliografische Information der Deutschen Bibliothek

Die Deutsche Bibliothek verzeichnet diese Publikation in der Deutschen Nationalbibliografie; detaillierte bibliografische Daten sind im Internet über http://dnb.ddb.de abrufbar.

ISBN 3-89673-283-8

© Verlag Wissenschaft & Praxis
Dr. Brauner GmbH 2006
D-75447 Sternenfels, Nußbaumweg 6
Tel. 07045/930093 Fax 07045/930094

Alle Rechte vorbehalten

Das Werk einschließlich aller seiner Teile ist urheberrechtlich geschützt. Jede Verwertung außerhalb der engen Grenzen des Urheberrechtsgesetzes ist ohne Zustimmung des Verlages unzulässig und strafbar. Das gilt insbesondere für Vervielfältigungen, Übersetzungen, Mikroverfilmungen und die Einspeicherung und Verarbeitung in elektronischen Systemen.

Printed in Germany

Vorwort der Autorinnen

*Deutschland braucht Innovationen –
und Innovationen brauchen Kapital!*

Vielen Erfolg versprechenden Unternehmensideen, nicht nur in Hochtechnologiebereichen, sondern gerade auch im mittelständischen Umfeld, fehlt es für eine professionelle Marktumsetzung an ausreichendem „Start-Kapital". Meist lässt sich dieser „Start"-Kapitalbedarf über klassische Fremdkapital-Finanzierungswege, z.B. einem Bankenkredit, nicht oder nicht ausreichend decken. Außerbörsliche Möglichkeiten der Gewinnung von Eigenkapitalbeteiligungen sind jedoch vielen „Jung"-Unternehmern ebenso wenig bekannt wie die entsprechenden Anlageformen bei privaten Kapitalgebern.

Mit dem vorliegenden Buch haben sich die Autorinnen einer Thematik zugewandt, die in der deutschen Öffentlichkeit bisher auf verhältnismäßig wenig Aufmerksamkeit gestoßen ist. Finanzierungsbeteiligungen über **Private Equity** bzw. **Venture Capital** sind nicht nur für institutionelle Anleger, sondern gerade auch für private Investoren eine interessante Alternative zu herkömmlichen Finanzanlagen. Solche Eigenkapitalbeteiligungen privater Investoren können die klaffende Lücke zwischen Erfolg versprechenden Unternehmensideen und geringer Kapitalausstattung der Ideenträger schließen.

Ziel dieses Buches ist es, dem interessierten Anleger bzw. Investor die Anlagekategorie **Venture Capital bzw. Private Equity** mit ihren verschiedenen Facetten näher zu bringen.

Die Verbreitung von **Private Equity bzw. Venture Capital** ist bei privaten Kapitalanlegern in Deutschland gegenwärtig noch begrenzt.

Dies hat viele Ursachen:

⇨ Zum einen ist der Bekanntheitsgrad von **Venture Capital** Anlagen in Deutschland noch sehr gering. Privatanleger bzw. Investoren müssen Venture Capital als eine, auch für den „kleinen Mann" mögliche, attraktive Kapitalanlage erst noch entdecken. Bisher ist diese Anlageform eher bei institutionellen Anlegern und sehr wohlhabenden Privatpersonen verbreitet, die von jeher auf der Suche nach ertragreichen Möglichkeiten von Kapitalanlagen waren.

⇨ Zum zweiten sind wegen des geringen Bekanntheitsgrades auch die entsprechenden Renditemöglichkeiten nicht transparent. Die Begriffe „Venture Capital" bzw. „Private Equity" tauchen zwar immer häufiger in Tageszeitungen und Finanzmagazinen auf, dennoch ist wenig publik, welche Erträge mit diesen Anlageformen, z.B. durch Venture Capital Fonds, zu erzielen sind. Renditepotenziale sind jedoch neben dem jeweiligen Risikoprofil für die meisten Anleger der entscheidende Auswahlfaktor. Ein nachhaltiger Durchbruch im Publikumsgeschäft, z.B. durch das Angebot von Venture Capital Publikumsfonds, dürfte mit der Präsentation konkretisierter Renditeerwartungen und fundierter Anlageberatung stehen und fallen. Es ist dabei allerdings zu beachten, dass manche Fonds bzw. Fondsgesellschaften in Europa und speziell in Deutschland noch „jung" am Markt sind und ihre Vertriebsstrukturen am deutschen Markt teilweise erst aufbauen müssen. Somit liegen hierzulande häufig noch keine entsprechend aussagekräftigen Resultate vor[1] – ein wesentlicher Unterschied zu den USA.

⇨ Zum dritten, ebenfalls mit dem geringen Bekanntheitsgrad korrespondierend, sind Informationsbedarfe von interessierten Anlegern bezüglich rechtlicher oder steuerlicher Aspekte wenig befriedigt. So z.B., ob der Investor bzw. Kapitalgeber mithaftet, wenn das Unternehmen, dem er Kapital zur Verfügung gestellt hat, insolvent wird.

---

[1] Anm.: Aussagekräftige Renditeergebnisse liegen immer erst nach der Liquidation des Venture Capital bzw. Private Equity Fonds vor.

⇨ Und zudem sind viele privaten Anleger nach negativen Erfahrungen mit risikobehafteten Anlagen während des „Börsencrash's" stark verunsichert und zeigen sich eher risikoscheu. Um das Vertrauen dieser Anleger wieder zu gewinnen, muss von Anlagegesellschaften viel kompetente Aufklärungsarbeit geleistet werden.

Mit diesem Buch sollen vorhandene Informationsbedürfnisse zu Private Equity bzw. Venture Capital, zumindest teilweise, geschlossen werden, damit zukünftig nicht nur dem institutionellen Anleger, sondern auch dem mit „nur" durchschnittlichem, frei verfügbarem Kapital ausgestatteten[2] privaten Einzelinvestor eine objektive Entscheidung über eine Venture Capital Anlage ermöglicht wird. Es sollten gezielt wichtige Informationen zu Private Equity und Venture Capital leicht lesbar und gut verständlich dargelegt werden, ohne den Leser mit zu vielen Detailinformationen zu überfrachten. Die jeweiligen Themenbereiche spiegeln Kernpunkte wider und beanspruchen keine inhaltliche Vollständigkeit. Die Autorinnen freuen sich über jede Anregung, die dazu dient, dieses Buch weiter zu entwickeln.

Claudia Eckstaller

Ingrid Huber-Jahn

---

[2] Anm.: Eine Venture Capital Investition kann bereits ab einem freien Vermögen von etwa 2.000 € sinnvoll sein.

Inhaltsverzeichnis

Kapitel 1: Grundlagen zu Private Equity und Venture Capital 11

1. Begriffsdefinitionen „Private Equity" und „Venture Capital" 11
2. Charakterisierung von Venture Capital Gebern 15
3. Charaktierisierung von Venture Capital Nehmern 21
4. Investitionsphasen für Venture Capital 22
5. Ausstiegsmöglichkeiten für Venture Capital 25

Kapitel 2: Private Equity/Venture Capital Geber:
Beispiele ausgewählter Private Equity/Venture Capital Gesellschaften
und deren Spezialisierungsgebiete 27

1. Spezialisierungsgebiete von Private Equity/ Venture Capital Gesellschaften 28
2. Kurzprofile von Private Equity/Venture Capital Gesellschaften aus USA und Großbritannien 29
3. Kurzprofile von Private Equity/Venture Capital Gesellschaften aus Deutschland 32
4. Länderübergreifender Vergleich von Kapitalinvestitionen im Private Equity/Venture Capital Bereich 37

Kapitel 3: Venture Capital Nehmer –
Beispiele ausgewählter Erfolgsgeschichten von
Private Equity/Venture Capital Finanzierungen 41

1. Historische Beispiele von Private Equity/Venture Capital Finanzierungen . 41
2. Die Entwicklung von Private Equity/Venture Capital in USA 44
3. Die Entwicklung von Private Equity/Venture Capital in Deutschland 50

Kapitel 4: Wirtschaftliche und rechtliche Rahmenbedingungen des Private Equity/Venture Capital Marktes in Deutschland 53
1. Die wirtschaftliche Ausgangslage in Deutschland 53
2. Innovationsstandort Deutschland 55
3. Finanzstandort Deutschland 58
4. Steuerstandort Deutschland 63

Kapitel 5: Volks- und betriebswirtschaftliche Impulse von Private Equity/Venture Capital Beteiligungen 65
1. Auswirkungen auf das Bruttoinlandsprodukt (BIP) 65
2. Auswirkungen auf die Arbeitsplatzsituation 68
3. Auswirkungen auf die Wirtschaftsstruktur 70
4. Auswirkungen auf mittelständische Unternehmen 72

Kapitel 6: Auswahl- und Beurteilungskriterien für Erfolg versprechende Private Equity/Venture Capital Investitionen 79
1. Fundraising und Venture Capital – Kommunikation durch Verkaufsprospekte 79
2. Grundlagen zur Auswahl von Portfolio-Unternehmen 82
3. Rating – Beurteilungskritierien für die Güte von Fondsanlagen 89
4. Exkurs: Basel II-Abkommen 95

Kapitel 7: Chancen und Risiken bei Private Equity und Venture Capital Anlagen 97
1. Chancen von Private Equity/Venture Capital Anlagen 97
2. Risiken von Private Equity/Venture Capital Anlagen 103

Kapitel 8: Glossar
Wichtige Begriffe rund um „Venture Capital" 107

Literaturquellen 113

Kapitel 1:
Grundlagen zu Private Equity und Venture Capital

1. Begriffsdefinitionen „Private Equity" und „Venture Capital"

„Private Equity":

Nach der Definition der European Venture Capital and Private Equity Association (EVCA) ist **Private Equity** der Oberbegriff, der den gesamten Markt für **privates Beteiligungskapital** umfasst. Der Begriff steht – wörtlich aus dem Englischen übersetzt - für privates (Private) Eigenkapital (Equity). Dieses private Eigenkapital kann von privaten institutionellen Investoren, etwa Pensionskassen, Banken, Versicherungen, stammen aber auch von vermögenden, risikobereiteren Privatpersonen, die alternative Anlageformen mit hoher Renditeerwartung suchen. In politisch erwünschten Ausnahmefällen können auch öffentliche Investoren, z.B. zur Stärkung der regionalen Wirtschaft, als Kapitalgeber auftreten. Die Kapitalgeber beteiligen sich entweder direkt an Unternehmen oder stellen ihr Geld Fondsgesellschaften zur Verfügung, die das Kapital in Firmenanteile von ausgewählten Zielunternehmen (Portfoliounternehmen) investieren. Das Kapital der Investoren wird dem/den Zielunternehmen in der Regel in einer bedeutenden Entwicklungsphase zur Verfügung gestellt. Ganz generell sind solche Zielunternehmen meist innovativen Branchen zuzurechnen und lassen für den Eigenkapitalgeber überdurchschnittliche Umsatz- und Gewinnchancen erwarten.

„Venture Capital":

Ein bedeutender Teilbereich des Private Equity Marktes ist das Venture Capital. **Venture Capital** bedeutet wörtlich ins deutsche übersetzt **Risikokapital** oder **Wagniskapital**. Risikokapital wird entweder in Form von voll haftendem Eigenkapital oder eigenkapitalähnlichen Finanzierungsinstrumenten ins Unternehmen eingebracht. Als **Venture Capital Investition** wird dementsprechend die Bereitstellung von Eigenkapital durch einen Investor an einem Unternehmen, meist während oder kurz nach der Gründungsphase, bezeichnet. Häufig wird diese Form der Finanzierung bei jungen Technologiefirmen eingesetzt, deren Kapitalbedarf in den ersten Unternehmensjahren besonders hoch ist. Der Investor stellt dem Beteiligungsunternehmen das Eigenkapital abschließend zur Verfügung und erhält im Gegenzug einen Unternehmensanteil. Da es sich bei Venture Capital für den Investor jedoch um eine renditeorientierte Kapitalanlageform handelt, wird sich die Venture Capital Gesellschaft bemühen, die Unternehmensbeteiligung in der Regel nach ca. drei bis fünf Jahren gewinnbringend zu veräußern.

Private Equity

z.B.:

⇨ **Venture Capital**
⇨ Mezzanine Capital
⇨ Turnaround-financing
⇨ Spin off-financing

Verhältnis „Venture Capital" zu „Private Equity":

Gegenüber Venture Capital ist Private Equity der jüngere Begriff, der zunächst inhaltsgleich verwendet wurde. Inzwischen hat sich die Bezeichnung Private Equity jedoch – wie oben beschrieben – zu einem Oberbegriff entwickelt, der außer Venture Capital auch weitere Erscheinungsformen der Bereitstellung von Eigenkapital an Unternehmen außerhalb der Börse umfasst. Unter Private Equity fallen Finanzierungen bestimmter Transaktionen (z.B. Ausgründungen oder Übernahmen anderer Unternehmen) oder „Mezzanine"-Finanzierungen, die zwischen Eigenkapitalbeteiligungen und Darlehen/Fremdkapital angesiedelt sind (z.B. stille

Beteiligungen). Eine weitere Unterscheidung zwischen Venture Capital und Private Equity liegt im Zeitpunkt der Beteiligung beim Zielunternehmen: Während Venture Capital begrifflich Finanzierungen in den ersten „Lebensjahren" eines Unternehmens zugeordnet werden, wird eine Investitionsentscheidung zugunsten eines bereits bestehenden, reiferen Unternehmens meist als Private Equity Investition bezeichnet.

Merkmale von Venture Capital

⇨ **Venture Capital ist meist zinslos überlassenes Geld.**
Der Venture Capital Geber gibt ohne Stellung von Sicherheiten dem Venture Capital Nehmer für die Dauer von meist zwei bis fünf Jahren Eigenkapital in Form einer Beteiligung. Venture Capital Geber investieren in eine Geschäftsidee und sind an der Wertsteigerung der Beteiligung interessiert. Daran wird deutlich, dass Venture Capital eine hoch risikoreiche Investition ist, mit der Gefahr, das gesamte eingesetzte Kapital zu verlieren. Diesem Risiko stehen bei der Venture Capital Investition auch hohe Gewinnchancen gegenüber.

⇨ **Der Eigenkapitalgeber strebt nach einer begrenzten Zeit einen geplanten Rückzug aus der Unternehmensbeteiligung an.**
Nach 2 bis 5 Jahren wird seitens des Venture Capital Gebers der so genannte Exit (auch *De*investition) anvisiert; das heißt der Kapitalgeber zieht sich als Anteilseigner aus der Firma zurück. Er verkauft seine Anteile an der Börse, an andere Unternehmen (Trade Sale) bzw. an andere Venture Capital Gesellschaften oder bietet sie dem Unternehmenseigner zum Rückkauf an.

⇨ **Einige Venture Capital Finanzierungen sehen eine konkrete Managementbetreuung beim Zielunternehmen vor.**
Zusätzlich zur Kapitalbereitstellung können in einigen Fällen von den Venture Capital Gebern Bevollmächtige mit Managementfunktionen bei Zielunternehmen untergebracht werden. Dies ist häufig zum einen wirtschaftspraktische Hilfestellung für Unternehmen in der Startphase, zum anderen aber

auch für den/die Kapitalgeber ein Absicherungsinstrument, um professionelle Managemententscheidungen sicher zu stellen.

⇨ **Venture Capital organisiert sich außerhalb des geregelten Kapitalmarktes.**
Zum gegenwärtigen Zeitpunkt existieren keine Börsen für Venture Capital Anlagen. Für den Kapitalgeber ist es in jedem Fall empfehlenswert, Anlagen bzw. Anlagegesellschaften in diesem Finanzierungssegment vor einer Investition gründlich zu prüfen.[3] Die Unterscheidung zwischen „seriösen" und „unseriösen" Angeboten fällt in diesem Kapitalmarktsegment besonders schwer, da grundsätzlich auch Produkte seriöser Anbieter neben hohen Ertragschancen ein nicht unerhebliches Ausfallrisiko bergen. Unseriöse Anbieter verfügen aber in der Regel nicht über nachweisbare offizielle Genehmigungen der Bundesanstalt für Finanzdienstleistungsaufsicht (BaFin) oder veröffentlichte Produktbeurteilungen durch anerkannte Rating-Agenturen. Bei „unseriösen" Anlageangeboten handelt es sich um Produkte des so genannten grauen Kapitalmarktes, auf die in diesem Buch nicht eingegangen wird.[4]

---

[3] Anm.: Bei der Prüfung von Fonds oder Fondsgesellschaften können Ratingergebnisse von so genannten Ratinggesellschaften zu Rate gezogen werden. Siehe hierzu Kapitel 6

[4] Anm.: Der graue Kapitalmarkt ist der unreglementierte Kapitalmarkt, der nur einer eingeschränkten staatlichen Aufsicht unterliegt (vgl. hierzu Kapitel 6). Es werden dort Werte gehandelt, die nicht auf dem organisierten Kapitalmarkt vertreten sind. Typisch für den grauen Kapitalmarkt sind Beteiligungen an Feriensiedlungen oder hochspekulative Beteiligungen mit hohen Renditeversprechen. Es handelt sich bei diesen Geschäften in der Regel um Kreditbeziehungen zwischen Unternehmen und Privathaushalten ohne die Beteiligung von Geldinstituten oder Finanzunternehmen. Veröffentlicht sind solche Angebote häufig in Kleinanzeigen überregionaler Tageszeitungen. Wegen der geringen Markttransparenz ist der graue Kapitalmarkt oft Handlungsfeld unseriöser Anbieter. Den versprochenen Renditen steht ein extrem hohes Risiko gegenüber - Totalverlust des eingesetzten Geldes. Dem wurde zwar durch das in Krafttreten des Anlegerschutzgesetzes und der Verkaufsprospektverordnung zum 1.7.05 überwiegend Einhalt geboten, dennoch könnten nach wie vor manche Kapitalanlagemöglichkeiten am grauen Markt gehandelt werden. Deshalb erscheint es den Autoren besonders wichtig, interessierte Investoren darauf hinzuweisen, bei einer Anlageentscheidung zu überprüfen, ob die Fondsgesellschaft eine

2. Charakterisierung von Venture Capital Gebern

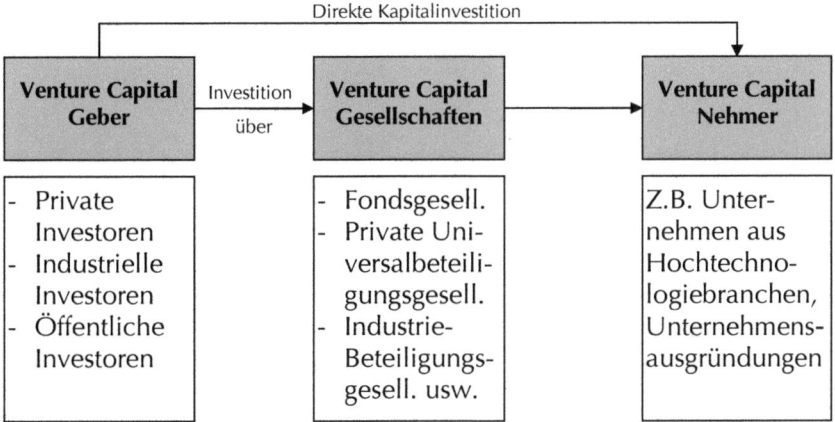

Quelle: Eckstaller, C., Venture Capital, 2005

Neben monetären Unterstützungsleistungen gibt es für Zielunternehmen in Gründungsphasen auch nicht-monetäre Hilfestellungen. In diesem Zusammenhang können u.a. Inkubatoren, Acceleratoren und Business Angels erwähnt werden:

Inkubatoren:
Dienstleister, die Zielunternehmen vorwiegend beratend und netzwerkend zur Seite stehen, z.B. in allen Fragen der Unternehmensgründung und -führung.

Acceleratoren (dt.: Beschleuniger):
Acceleratoren fördern das Zielunternehmen insbesondere um den Marktdurchdringungsprozess zu beschleunigen. Häufig werden zur Unterstützung die Ressourcen des Accelerators, z.B. Vertriebswege, Rechenzentren, etc. zur Verfügung gestellt.

---

staatliche Genehmigung hat. Diese Genehmigung wird in Deutschland von der Bundesanstalt für Finanzdienstleistungsaufsicht (BaFin) erteilt.

Business Angels:
Business Angels sind in der Regel Einzelpersonen, die höhere Managementpositionen innehaben bzw. -hatten. Sie begleiten das Zielunternehmen in strategischen Fragen, auch durch direkte Übernahme von Managementfunktionen.

Überblick über Venture Capital Gesellschaftstypen

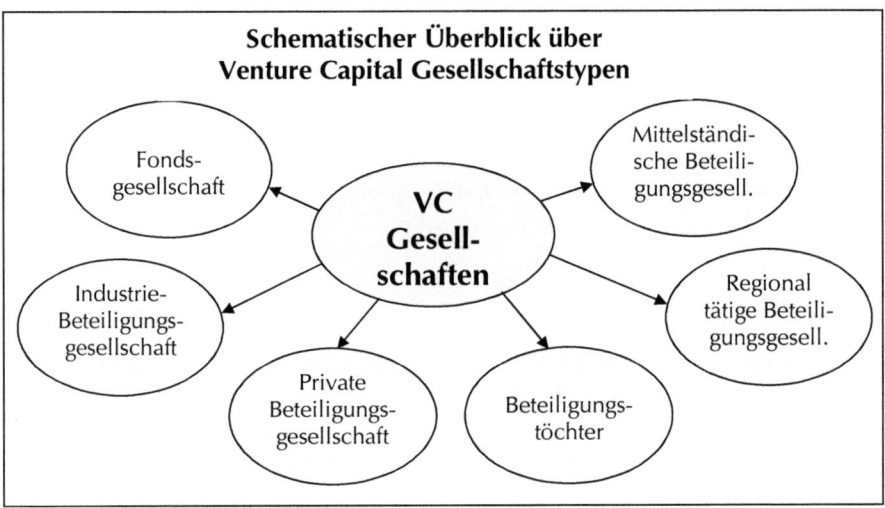

Mittelständische Beteiligungsgesellschaften (MBG):	Treten oft als öffentlich-rechtliche Kapitalgeber auf, z.B. Industrie- und Handelskammern, Unternehmensverbände, öffentlich-rechtliche Banken mit Beteiligungen in den jeweiligen Bundesländern bis zu eine Mio. Euro.
Regional tätige Beteiligungsgesellschaften:	Gesellschafter sind meist Regionalbanken, Raiffeisen- und Volksbanken mit Beteiligungen an regional ansässigen Existenzgründern ab 10.000 Euro. Sie bieten auch Managementunterstützung an.
Beteiligungstöchter (Unternehmensbeteiligungsges. UBG):	Gesellschafter sind meist private Geschäftsbanken und Versicherungsgesellschaften mit Beteiligungen ab 250.000 Euro und Beratungsleistungen bei Marketing, Vertrieb und Controlling.
Private Universalbeteiligungsgesellschaften:	Sie sind die eigentlichen Venture Capital Gesellschaften, die auch das Risiko eines Totalverlustes ihrer Beteiligungen mittragen und sich in allen Finanzierungsphasen an nicht börsenreifen Unternehmen beteiligen. Das Beteiligungskapital beträgt meist einige Mio. Euro mit Investitionen im HighTech Bereich. Die Venture Capital Gesellschaften wollen auch Firmenstrategien des/der Zielunternehmen mitbestimmen (Managementfunktion).
Industrie-Beteiligungsgesellschaften:	Ziel der Beteiligung ist, mit Hilfe neuer Partner innovative Märkte für Konzerne zu erschließen. Oft werden Jungunternehmen neben finanziellen Mitteln Forschungseinrichtungen, Marktstudien, Lieferantendateien etc. zur Verfügung gestellt.
Fondsgesellschaften:	Private Kapitalgeber beteiligen sich an einer Beteiligungsgesellschaft. Die Beteiligungsgesellschaften oder zwischengeschaltete Verwaltungsgesellschaften bewerten und wählen geeignete Portfoliounternehmen aus, beraten bei der Unternehmensstrategie, übernehmen Beirats- oder Verwaltungsratsfunktionen und bereiten den Exit vor.

Unterscheidung zwischen offenen und geschlossenen Fonds:

	Offene Fonds	**Geschlossene Fonds**
Merkmale	• Laufende Kapitalbeschaffung • Variables Fondskapital • Laufende Ausgaben von Fondsanteilen • Laufender Rückkauf von Fondsanteilen	• Einmalige Kapitalbeschaffung • Festes Fondskapital • Einmalige Ausgabe von Fondsanteilen
Charakteristik	Offen, da Fondskapital und Gesellschafterkreis nicht begrenzt sind und ständige An- und Verkäufe von Objekten möglich sind.	Geschlossen, da Investorkreis und Fondskapital auf das Investitionsvolumen begrenzt sind. I.d.R. werden konkret beschriebene Objekte finanziert.
Rechtsform	Meist AG, GmbH	Meist KG, BGB-Gesellschaft
§§	Gesetz über Kapitalanlage. (KAAG), Kreditwesengesetz (KWG)	Keine gesetzl. Sondervorschriften; es gilt § 264 a StGB
Rechtsnatur des Anteils	Wertpapier (Investmentzertifikat)	Gesellschaftsanteil

Quelle: Vgl. Busse, F.J., Grundlagen, S. 88 f.

Typische gesellschaftsrechtliche Strukturierung von privaten geschlossenen Venture Capital Fonds

Im Folgenden soll eine typische Struktur von Venture Capital Fonds im Hinblick auf die gesellschaftsrechtliche und steuerrechtliche Gestaltung dargestellt werden:

In der Regel liegen bei einer Fondskonstruktion zwei rechtlich eigenständige Einheiten bzw. Unternehmen vor: Managementgesellschaft und Venture Capital Fondsgesellschaft. Der Managementgesellschaft obliegt die Auswahl und Betreuung von Zielunternehmen, während die Fondsgesellschaft die Beteiligung hält.

Managementgesellschaft und Fondsgesellschaft sind i.d.R. durch einen Geschäftsbesorgungsvertrag miteinander verbunden.

Meist werden die Venture Capital Fondsgesellschaften in Form einer vermögensverwaltenden Personengesellschaft gegründet, also einer GmbH & Co. KG oder AG & Co. KG. Persönlich haftender Gesellschafter (Komplementär) ist eine GmbH oder auch AG, deren Gewinnbeteiligung an der Gesellschaft häufig ausgeschlossen wurde.

In- und ausländische Anleger sowie die Initiatoren und Managementgesellschaft beteiligen sich als Kommanditisten an dem Fonds. Sie haften als Kommanditisten für die Verbindlichkeiten der Gesellschaft gem. § 171 HGB in Höhe ihrer Einlage. Die Initiatoren bzw. Gründungskommanditisten bringen neben ihren Erfahrungen, Kontakten und Netzwerken als immaterielle Werte ca. 1 % des Fondsvolumens ein. Vor der Auflösung der Gesellschaft können Gesellschaftsanteile nur in Ausnahmefällen veräußert werden. Die vermögensverwaltende KG hat für den Anleger bzw. Investor erhebliche steuerliche Vorteile, besonders beim Exit aus dem Portfoliounternehmen.

Die Fondsgesellschaft ist nicht als Finanzdienstleistungsunternehmen i.S. d. § 1 Abs. 1 lit.a, S. 1 KWG, sondern als Finanzunternehmen i. S. v. § 1 Abs. 3 Nr. 1 KWG einzustufen. Damit entfallen Erlaubnispflicht und Solvenzaufsicht. Die Aufnahme und Einstellung der Tätigkeit muss der Bundesanstalt für Finanzdienstleistungsaufsicht (BaFin) nach § 24 Abs. 1 Nr. 9 KWG nur angezeigt werden. Die oberste Landesbehörde muss für die Betriebserlaubnis die behördliche Anerkennung erteilen (§ 14 Abs. 1 UBGG-Unternehmensbeteiligungsgesellschaftsgesetz). Ferner dürfen gem. §§ 1 ff VermVerkProspV (Vermögensverkaufsprospekt-Verordnung) geschlossene Fondsgesellschaften seit 1.7.2005 nur noch mit von der BaFin genehmigten Prospekten auf den Markt gehen.

Die Managementgesellschaft betreibt regelmäßig nur dann eine erlaubnisfreie Anlageberatung, wenn der Kunde nur eine Vergütung für die Beratung bezahlt und keine Provisionszahlungen von jenen geleistet werden, an die das Geschäft vermittelt wurde. Demnach entfällt die Erlaubnispflicht gem. § 32 i.V.m. § 1 Abs. 1a S. 2 Nr. 1 KWG.

Geschäftsgegenstand der Fondsgesellschaft ist normalerweise der Aufbau, das Halten und die Verwaltung von passivem Eigenkapital und eigenkapitalähnlichen Anlagen im Bereich des Start- und Wachstumskapitals an innovativen, meist nicht börsennotierten Unternehmen. Häufig ist auch festgehalten, dass sich die Fondsgesellschaft nicht aktiv an der Geschäftsführung ihrer Portfoliounternehmen beteiligt und auch nur eine Minderheitsbeteiligung von 20 - 35 Prozent erwirbt. Eine mitunternehmerische Beteiligung i.S.d. § 15 EStG soll wegen der daraus resultierenden Gewerbesteuerpflicht vermieden werden. Die Geschäftsführung kann von der Komplementär GmbH bzw. AG und/oder einem Kommanditisten, einer Managementgesellschaft oder einer Privatperson als Kommanditist ausgeübt werden.

Die typische Venture Capital Fond Struktur soll folgende Grafik verdeutlichen:

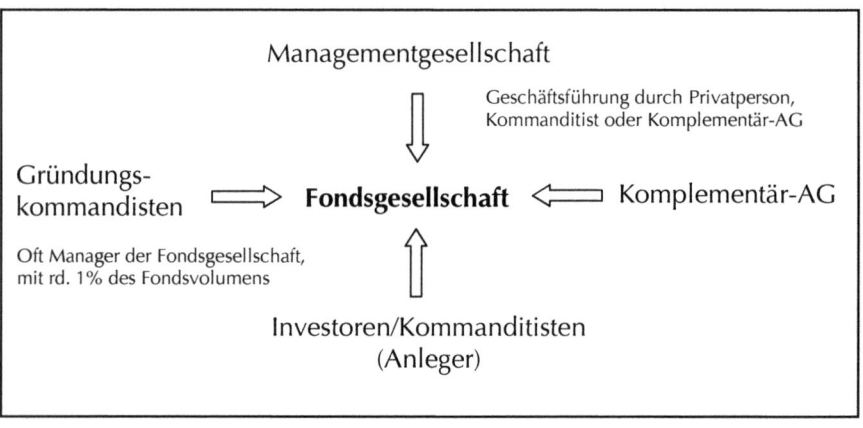

Quelle: Huber-Jahn, I., Venture Capital, 2005

3. Charaktierisierung von Venture Capital Nehmern

Gerade Unternehmen in der Gründungs- und Aufbauphase oder bei der Entwicklung eines neuen Produkts haben spezielle Eigenkapitalbedarfe. Diese Firmen bergen aufgrund ihres innovativen Konzeptes oder einer neuartigen Technologie enorme Gewinnchancen. Allerdings befinden sich solche Unternehmen in einer Phase geringer oder keiner Erträge bei hohen Kosten. Folge sind Liquiditätsengpässe. Auch eine fundierte ökonomische Bewertung solcher Unternehmen ist für potenzielle Kreditgeber kaum machbar, da im Allgemeinen keine Erfahrungswerte vorhanden sind. Der Wert dieser Unternehmen liegt in den Wachstumschancen, dem Human Capital und den vermarktbaren Ideen. Venture Capital Geber geben damit wagnisreiches Eigenkapital und oftmals auch Managementunterstützung in solche Unternehmen.

Venture Capital wird in junge, zukunftsfähige Geschäftsideen investiert. Der daraus resultierende volkswirtschaftliche Nutzen kann bei erfolgreicher Umsetzung erheblich sein (siehe Kapitel 5). Viele, heute sehr erfolgreiche Ideen wären wohl ohne Venture Capital niemals in eine Unternehmung gemündet. Venture Capital leistet damit für die Standortsicherung Deutschlands einen aktiven Beitrag – Dienstleistungen, Produkte und Arbeitsplätze werden geschaffen, die Erschließung neuer Märkte durch Venture Capital vorangetrieben.

Neben anderen Wirtschaftsbereichen interessieren sich Private Equity/Venture Capital Investoren insbesondere für zukunftsorientierte Technologien. Nach dem Venture Capital Panel (2. Quartal 2005) der „FHP Private Equity Consultants" wurde in folgende Technologie-Bereiche investiert. Befragt wurden 41 führende Early-Stage-Finanzierer in Deutschland.

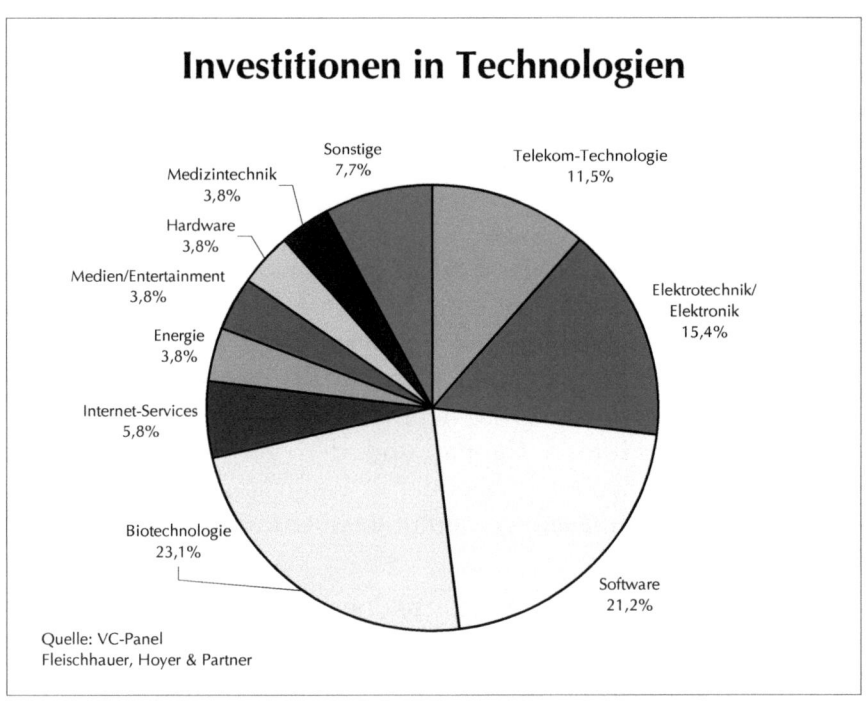

4. Investitionsphasen für Venture Capital

Seed-Finanzierung:

In dieser vorunternehmerischen Phase existiert meist nur die Geschäftsidee (Businessplan). Der Schwerpunkt der Aktivitäten liegt hier auf Forschungsinvestitionen und Produktentwicklung.[5]

Start up Finanzierung:

Beim Start up geht es um die Gründungsphase eines Unternehmens, in der die Produktentwicklung sowie die ersten Vermarktungsschritte finanziert werden.

---

[5] Schefczyk, M., Finanzieren, S. 22

Early-Stage-Finanzierung:

In der Early-Stage-Finanzierung wird Kapital für die Frühphase eines Unternehmens (Firmengründung bis Marktauftritt) bereit gestellt, in der die Produktentwicklung bereits abgeschlossen ist, aber noch keine Umsätze erzielt werden.

Mezzanine-Finanzierung:

Eine Finanzierungsrunde im mittleren Entwicklungsstadium eines neuen Unternehmens – meistens die letzte Runde vor dem Börsengang (und somit vor der Bridge-Finanzierung) – wird Mezzanine-Finanzierung oder auch „Third Stage" Finanzierung" genannt.

Bridge-Finanzierung:

Die Bridge Finanzierung ist eine Investition zur Vorbereitung des Unternehmens auf den Börsengang.

Expansionsfinanzierung:

Die Expansionsfinanzierung dient der Unterstützung von Produktionsbeginn oder Wachstumsschritten für ein Unternehmen am Break-even-point. Schwerpunkt kann auch die Verbesserung der Eigenkapitalquote bei der Produktions- und Absatzausweitung oder Marktentwicklung sein.[6]

---

[6] Schefczyk, M., Finanzieren, S. 22

Einen Überblick über die gegenwärtige Investitionsstruktur von Private Equity liefert folgende Grafik:

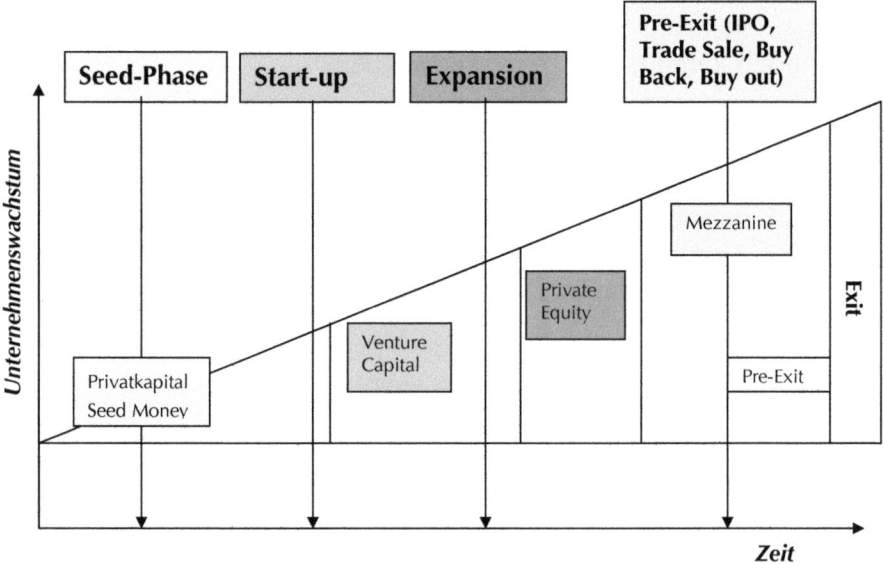

Quelle: Huber-Jahn, I., Venture Capital, 2005

Die nachfolgende Grafik gibt einen Überblick über die Struktur von Private Equity Investitionen im Jahr 2004

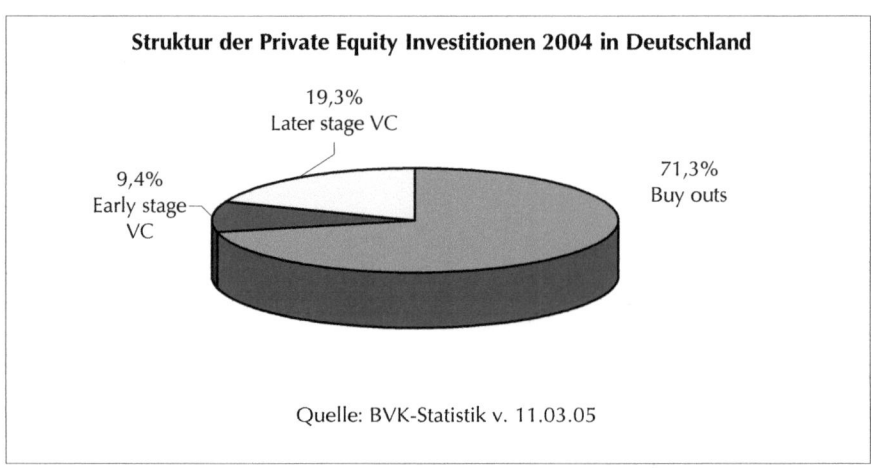

5. Ausstiegsmöglichkeiten für Venture Capital

Ziel der Private Equity/Venture Capital Gesellschaft ist der so genannte Exit, d.h. der Ausstieg des Investors aus seiner Beteiligung durch Verkauf der Anteile. Hierfür gibt es unterschiedliche Ausstiegsvarianten:

Buy Back	Ein Altgesellschafter kauft die Anteile von Investoren zurück.
Trade Sale	Ein industrieller Investor kauft Unternehmensanteile.
Secondary Purchase	Eine andere Private Equity Gesellschaft kauft die Unternehmensanteile.
Going Public oder **Initial public Offering (IPO)**	Börsengang des Unternehmens.

Die klassischen Buy outs sind Management Buy out (MBO), Management Buy in (MBI) sowie Leveraged Buy out (LBO).

- **MBO**: Übernahme eines Unternehmens durch das vorhandene Management
- **MBI**: Übernahme eines Unternehmens durch ein externes Management
- **LBO**: Unternehmenskauf hauptsächlich finanziert durch Fremdkapital

Going Public ist der Börsengang eines Unternehmens. Vornehmlich wird der Börsengang eines jungen, durch Venture Capital finanzierten Unternehmens als IPO (Initial Public Offering) durchgeführt, also die öffentliche Erstemission von Anteilen junger und mittelständischer Unternehmen.

Kapitel 2:
Private Equity/Venture Capital Geber: Beispiele ausgewählter Private Equity/Venture Capital Gesellschaften und deren Spezialisierungsgebiete

Im folgenden Kapitel soll ein Überblick über namhafte und erfolgreiche Private Equity Gesellschaften ohne Anspruch auf Vollständigkeit gegeben werden. Die zentralen Investitionsgebiete der Gesellschaften können „täglich" neuen interessanten Entwicklungsfeldern angepasst werden, so dass Spezialisierungsschwerpunkte permanent in Bewegung sind.

Die größten und bekanntesten Private Equity Gesellschaften stammen aus dem anglo-amerikanischen Raum, wo das Private Equity Geschäft schon Tradition besitzt; dazu gehören Namen wie APAX Partners, Belfort Holding Group, BC Partners, Blackstone, Carlyle Group, Doughty Hanson, Kohlberg Kravis Roberts & Co., Permira, Saban Capital sowie Investmentbanken wie Goldman Sachs.

1. Spezialisierungsgebiete von Private Equity/ Venture Capital Gesellschaften

	Telekom-Technologie	Elektrotechn./ Elektronik	Software Internet	Bio-Techn. Chemie	Medizin/ Techn.	Medien	Industrie	Sonst. z.B. Immobilien
Permira					✓	✓		✓
Apax	✓		✓		✓			✓
Blackstone Group				✓				✓
Carlyle Group							✓	✓
KKR	✓	✓					✓	✓
Doughty Hanson		✓						✓
DVC	✓			✓				✓
BASF VC				✓	✓			
MIG		✓		✓	✓			
Aurelia PE	✓		✓					
TFG Capital	✓						✓	
bmp VC	✓		✓	✓	✓			✓
Target Partners	✓		✓		✓	✓		✓

2. Kurzprofile von Private Equity/Venture Capital Gesellschaften aus USA und Großbritannien

Permira Beteiligungsberatung GmbH:[7]

International agierende Private Equity Gesellschaft. Zu ihrem Portfolio gehören Brillenhersteller *Rodenstock*, Textildiscounter *Takko*, Pay-TV Kanal *Premiere* oder die Fitnesskette *Holmes Place*.

Apax Partners Beteiligungsberatung GmbH:[8]

Apax verwaltet international ein Vermögen von mehr als 12 Milliarden Dollar und investiert in IT, Dienstleistungen, Gesundheitswesen, Finanzdienstleistung, Handel und Konsumgüter. Zu Apax gehören die Restaurantkette Nordsee, die 2005 von Heiner Kamps, früherer Inhaber der börsennotierten Kamps AG, übernommen wurde.

Blackstone Group:[9]

The Blackstone Group, 1985 in New York gegründet, gehört zu den größten Venture Capitalisten in der Branche. Inzwischen verwaltet die Blackstone Group ein Fondsvolumen von etwa 30 Milliarden US $ mit Renditen bis zu 30%.[10] In Deutschland wurde das *Marriot-Hotel* in München erworben, das Chemieunternehmen *Celanese* oder das *Deutsch-Japanische-Center* in Düsseldorf.

---

[7] Vgl. www.permira.de
[8] Vgl. www.apax.com
[9] Vgl. www.blackstone.com
[10] Vgl. o.V., 30 Prozent Rendite.

Carlyle Group:[11]

THE CARLYLE GROUP

Die Carlyle Group wurde 1987 gegründet und verwaltet laut eigenen Angaben ein Vermögen von rund 19 Milliarden US $. Der „Guardian" vom 31. Oktober 2001 spricht von einem "Expräsidenten Club", da John Major, UK, und Fidel Ramos, Philippinen, zum Beraterkreis gehören. Sowohl George H. W. Bush als auch der derzeitige Präsident der USA, George W. Bush, waren schon im Vorstand von Carlyle.

In Deutschland wurde die Carlyle Group vor allem dadurch bekannt, dass sie als erste amerikanische Private Equity Gesellschaft 1999 in Deutschland investierte und das Familienunternehmen *Honsel* (Automobilzulieferer) übernahm. 2004 wurde *Honsel* mit einem weiteren Unternehmen unter dem Dach der Holding-Gesellschaft HONSEL INTERNATIONAL TECHNOLOGIES (HIT) zusammengefasst und an die Private Equity Gesellschaft Ripplewood Holdings weiterverkauft. Daneben investierte die Carlyle Group in die Automobilhersteller Beru und Edscha sowie in das Industrietechnik-Unternehmen Messer Cutting & Welding.

Kohlberg Kravis Roberts & Co.[12]

Kohlberg Kravis Roberts & Co. (KKR), gegründet 1976, ist eine der ältesten Beteiligungsgesellschaften (Private Equity Investment). Seit seiner Gründung hat KKR mehr als 120 Transaktionen durchgeführt, mit einer Gesamtfinanzierungssumme von 136 Milliarden US $.[13]

---

[11] Vgl. www.thecarlylegroup.com
[12] Vgl. www.kkr.com
[13] Vgl. Sucher, J.; Lange, K., Who is who.

KKR investiert seit einigen Jahren auch in Deutschland und hat sich auf MBO spezialisiert.[14] In ihrem Portfolio hält die Gesellschaft die *Demag-Holding*, in der sieben von *Siemens AG* übernommene Industrieunternehmen zusammengefasst sind, den Münchner Turbinenhersteller *MTU Aero Engines*[15], den im Mai 2004 an der Börse eingeführten Hersteller von Bankautomaten *Wincor Nixdorf* sowie den Telekommunikations-Dienstleister *Tenovis*. Neuste Akquisition ist die *Duales System Deutschland AG*, die im Frühjahr 2005 erfolgreich an die Börse gebracht wurde.

Doughty Hanson & Co. [16]

Die britische Doughty Hanson & Co ist ein Investor, der sich auf drei Bereiche konzentriert: Private Equity, Immobilien und Technology Ventures. Doughty Hanson hat im August 2004 in Deutschland *Auto-Teile-Unger* für 1,75 Milliarden US an KKR verkauft. Zum Immobilien-Portfolio gehören u. a. die Maximilianhöfe in München und das Holtzbrinck Immobilien-Portfolio.

---

[14] Vgl. www.kkr.com/about/who_we_are.html
[15] Vgl. Sucher, J.; Lange, K., Who is who.
[16] Vgl. www.doughtyhanson.com

3. Kurzprofile von Private Equity/Venture Capital Gesellschaften aus Deutschland

Deutsche Private Equity/Venture Capital Gesellschaften

Inzwischen sind auch etwa 250 deutsche Venture Capital Gesellschaften am Markt tätig. Namhafte Versicherungs-/Kreditinstitute sowie Unternehmen haben eigene Private Equity/Venture Capital Gesellschaften gegründet. Zu den bedeutendsten gehören folgende Konzerne: Allianz AG, Bayerische Hypo- und Vereinsbank AG, Daimler-Chrysler AG, Degussa-Hüls AG, Deutsche Telekom AG, Henkel KgaA, IKB Deutsche Industriebank AG, Infineon Technologies AG, Münchener Rückversicherungs-Gesellschaft AG, RWE AG, Siemens AG, Volkswagen AG, WestLB AG.

Deutsche Venture Capital DVC[17]

1998 gegründet, ist die Deutsche Venture Capital Partnerunternehmen der Deutschen Bank AG und betreut ein Fondsvolumen von über 300 Mio. Euro. Sie tritt als Lead-Investor oder Co-Lead-Investor für Fondsvolumen von 1 bis 10 Mio. Euro auf. Seit ihrer Gründung hat sich die DVC an 70 Unternehmen beteiligt, hauptsächlich in den Bereichen Life Science, Informations-, Telekommunikations-, Halbleiter- und Software-Industrie.

Allianz Private Equity Partners (APEP)[18]

APEP ist eine 100% Tochtergesellschaft der Allianz AG und wurde 2001 als eigenständige Gesellschaft gegründet. Großanleger und institutionelle Kunden sowie auch Privatanleger werden von der APEP betreut. APEP zählt weltweit zu den führenden Private Equity Anbietern und ist Deutschlands größter Anbieter von Investment Management Lösungen im Bereich Private Equity.

---

[17] Vgl. www.dvcg.de
[18] Vgl. www.allianz.com

BASF Venture Capital GmbH[19]

Die BASF Venture Capital GmbH investiert Risikokapital in Geschäftsfelder von chemiebasierten Technologien und Materialien. Als Beteiligungskapital stehen der Gesellschaft etwa 100 Mio. Euro zur Verfügung. Bevorzugt werden Finanzbeteiligungen von 1 bis 5 Mio. Euro bei jungen Unternehmen. BASF Venture Capital GmbH engagiert sich bei Cavis microcaps GmbH (Mainz) Tiernahrung, i-components co.ltd. (Seoul) Kunststofffilme, hte AG (Heidelberg) Katalysatoren für chemische Prozesse, Oxonica Ltd (Oxford – UK) Nanopartikel für Kosmetik/Biolabelling.

Auch mittlere und kleinere Venture Capital Gesellschaften prägen derzeit mit Publikumsfonds die deutsche Venture Capital Landschaft und tragen zur Verbreitung des Private Equity bzw. Venture Capital Gedankens bei.

Einige Beispiele im Folgenden:

Beteiligungskapital von 100 - 250 Mio. Euro: BayTech Venture Capital, bmp Berlin, Target Partners, First Ventury, AdAstra Venture

Beteiligungskapital 50 - 100 Mio. Euro: Berlin Capital Fund, DEWB Jena, Holtzbrinck NetworXs, IBB Beteiligungsgesellschaft, Triangle Venture Capital, S-UBG Gruppe, Viewpoint Capital Partners.

Beteiligungskapital 10 - 50 Mio. Euro: Accera Venture Partners, Capital Stage, Egora Holidng, GI Ventures, MIG Verwaltungs AG, TechnoMedia, WGZ Inititativkapital, Peppermint Venture Capital, Aurelia Private Equity.

---

[19] Vgl. www.basf.de

MIG Verwaltungs AG[20]

Die MIG AG wurde Ende 2004 gegründet und baut auf den Erfahrungen der Venture Capital Gesellschaften Global-Chance-Fund und Global-Asset-Fund auf. Im Zuge der Initiierung des GC Global Chance Fund und des GA Global Asset Fund wurde die Alfred Wieder AG gegründet.

Die MIG Verwaltungs AG ist zugleich Komplementärin der MIG Fonds und für die Auswahl der Beteiligungsunternehmen bei den Fondsgesellschaften zuständig. Zum Portfolio des MIG Fonds gehören die Ident Technology AG (neuartige, innovative Technologie „SKINPLEX"), die etkon AG (Entwicklung, Herstellung und dem Vertrieb von kombinierten Scan- und Frässystemen), die NIMBUS Biotechnologie GmbH (innovative Produkte für die Biotechnologie-, Medizin- und Pharmabranche) und die Antisense Pharma GmbH (Erforschung, Entwicklung und Kommerzialisierung von biotechnologischen und pharmazeutischen Produkten und Gewinnerin des Bayerischen Innovationspreises 2004 sowie des Deutschen Gründerpreises 2004).

Seit Januar 2005 werden die MIG Fonds exklusiv durch die Alfred Wieder AG angeboten. Das Fondsvolumen beträgt bei MIG AG & Co. Fonds 1 KG 30 Mio. € und bei MIG AG & Co. Fonds 2 KG 50 Mio. €. Die vorgenannten Fonds wurden in den Jahren 2003 und 2004 am Markt platziert und werden noch 2005 geschlossen. Eine Beteiligung bzw. der Kapitalanteil beim MIG AG & Co. Fonds 1 KG muss mindestens 2.000 Euro, beim MIG AG & Co. Fonds 2 KG mind. 3.000 Euro betragen; damit sind diese Anlagen auch für einen Kleininvestor erschwinglich. Die Nachfolgefonds MIG AG & Co. Fonds 3 KG werden mit einem Volumen von 50 Mio. bzw. MIG AG & Co. Fonds 4 KG mit einem Volumen von 100 Mio. € aufgelegt. Als Platzierungszeitpunkte sind Oktober 2005 für MIG AG & Co. Fonds 4 KG und Januar 2006 für MIG AG & Co. Fonds 3 KG vorgesehen.

---

[20] Vgl. www.mig.ag

Aurelia Private Equity[21]

Anfang 2003 ging Aurelia Private Equity aus der TFG Venture Capital hervor und übernahm den geschlossenen Fonds TFG Technologie-Fonds III. Die Engagements liegen in einer Größenordnung von 0,5 bis 2 Mio. Euro. Aurelia beteiligt sich als Frühphasenfinanzierer an Technologieunternehmen in Deutschland. Auch Software gehört zum Portfolio.

TFG Capital AG[22]

TFG Capital ist seit elf Jahren im deutschen Markt für Beteiligungskapital aktiv. Als Frühphaseninvestor gestartet, wuchs TFG Capital AG seit der Auflegung des ersten TFG-Fonds im Jahre 1994 kontinuierlich. Insgesamt rund 250 Mio. EUR sind in annähernd 100 Beteiligungen investiert. Die TFG Capital konzentriert sich auf Beteiligungen an kleinen und mittleren Unternehmen in der Expansionsphase; dazu zählen Branchen wie die Informationstechnologie, Life Science und Industrie.

bmp Venture Capital[23]

Im Juli 1992 wurde die bmp Management Consultants GmbH gegründet, 1997 die bmp Aktiengesellschaft. bmp konzentriert sich auf Frühphasen- und Expansionsfinanzierung von deutschen, schweizerischen und polnischen Unternehmen. Betreut werden private und institutionelle Fonds mit Branchenschwerpunkten

---

[21] Vgl. www.aurelia-pe.de
[22] Vgl. www.tfg.de
[23] Vgl. www.bmp.com

e-Commerce und Internet, Life Science, Software, Technologie, Telekommunikation, Marketing Service, Financial Service. Die bmp Venture Capital ist mit 12,5% an der TFG Capital beteiligt. Weitere Beteiligungen: Bankier.pl S.A., eHedge AG, K2 Internet S.A, Salt of Life AG, Tom's Guides Publishing AG, newtron AG. Der wichtigste und größte Fonds ist der bmp Evergreenfonds. Es handelt sich dabei um einen offenen Fonds mit unbegrenzter Laufzeit. Neben diesem Fonds existieren zwei Single-Investor Fonds: die bmp Venture Tech und die bmp CEEV. Die beiden Investoren in diesen Fonds sind die KfW (Venture Tech) und die DEG (CEEV). Im Gegensatz zu dem Evergreenfonds handelt es sich hierbei um geschlossene Fonds mit einer begrenzten Laufzeit.

Target Partners[24]

Mit über 112 Millionen Euro gehört Target Partners zu den führenden Early-Stage Venture Capital Fonds in Deutschland. In den Target Partners Executive Fund haben 25 renommierte Persönlichkeiten mit je bis zu 1 Mio. Euro investiert. Als Early-Stage Investoren sitzt ein Partner von Target Partners im Aufsichtsrat jedes Portfolio Unternehmens. Zu den Portfolio Unternehmen zählen 1-2-3.TV GmbH (Home Shopping Sender), Betty Holding AG Zürich (Technologie-Service-Provider), ChipVision Design Systems AG Oldenburg (Software), Cube Optics AG Mainz (Optoelektronik), NXN Software AG, Mercateo Beteiligungs GmbH München (Einkaufsplattform).

---

[24] Vgl. www.targetpartners.de

4. Länderübergreifender Vergleich von Kapitalinvestitionen im Private Equity/Venture Capital Bereich

Der Zeitpunkt der Einführung von Private Equity bzw. Venture Capital Konzepten in Deutschland liegt etwa zeitgleich mit dem Erscheinen von Randolf Hartmanns Buch „Wagnisfinanzierung – neue Möglichkeiten der Kapitalbeschaffung" von 1974.[3]

Im anglo-amerikanischen Raum hingegen hat sich der Venture Capital Markt früher und stärker entwickelt. Die USA übernahmen die Führungsposition in dieser Finanzierungsform. In Europa liegt Großbritannien mit den entsprechenden Kapitalinvestitionen an der Spitze. Die folgenden Statistiken stellen diese Entwicklung dar.

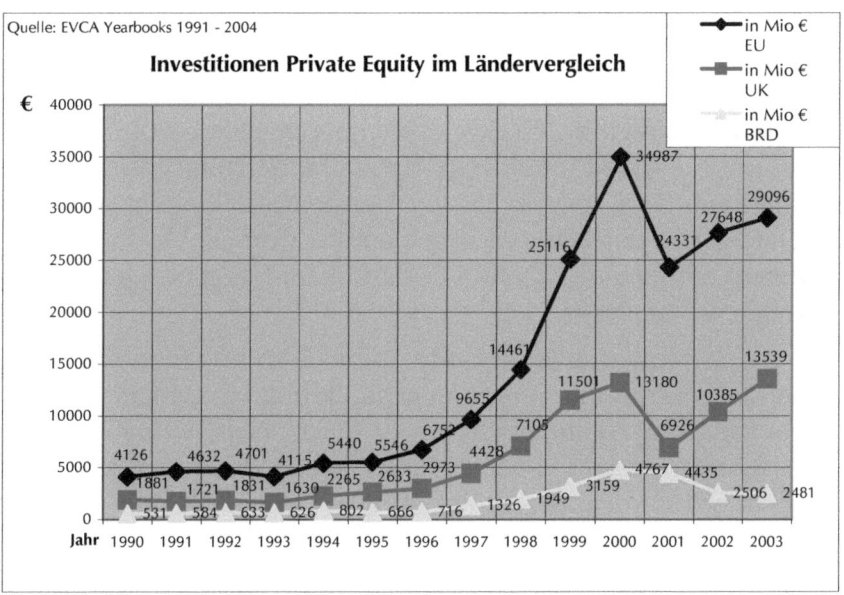

---

[3] Geigenberger, I., Risikokapital, S. 13

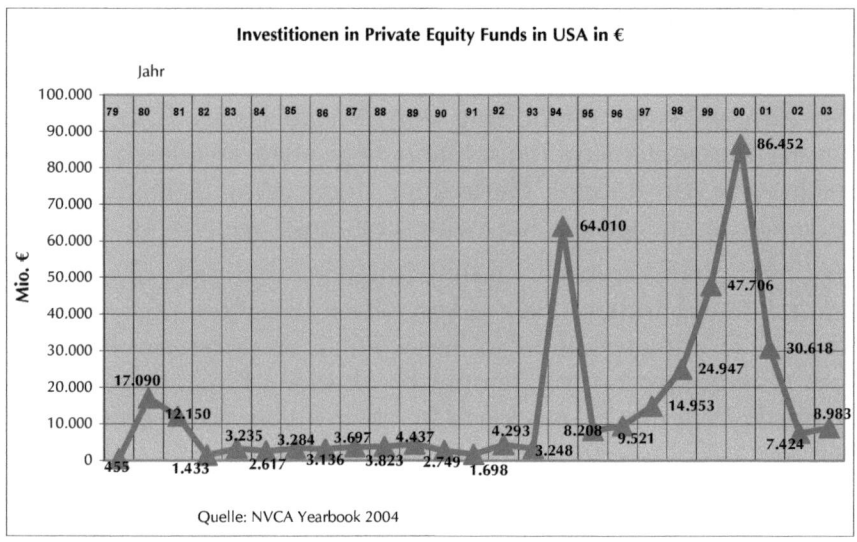

Quelle: NVCA Yearbook 2004

Der europäische Private Equity Markt konnte sich 2003 allmählich wieder vom Einbruch des Kapitalmarktes Ende 2000 erholen. Der Bundesverband deutscher Kapitalbeteiligungsgesellschaften gab in einem BVK Special 2004 folgende Mitteilungen, basierend auf Daten, die der europäische Venture Capital Verband EVCA auf einem Symposium im Juni 2004 bekannt gegeben hat, an seine Mitglieder weiter:[25]

„Positive konjunkturelle Impulse, eine Erholung der Technologiemärkte und der internationalen Kapitalmärkte wirkten sich positiv auf die Geschäftaktivitäten der europäischen Private Equity Gesellschaften aus." Dies verdeutlicht auch die folgende Tabelle mit ausgewählten Länderdaten:

---

[25] Vgl. BVK, BVK Special, S. 1 f.

Private Equity Investitionen in Europa (ausgewählte Beispiele)[26]

	Investitionen 2002 (Mio €)	Investitionen 2003 (Mio €)	Veränderung in %
Großbritannien	10.385	13.539	+ 30,4
Frankreich	5.851	4.246	- 27,4
Italien	2.626	3.034	+ 15,5
Deutschland	2.506	2.481	- 1,0
Spanien	968	1.337	+ 38,1
Irland	105	255	+ 142,7
Portugal	69	116	+ 69,4
Ungarn	17	34	+ 96,8

Als bevorzugte Investitionsphase hat sich europaweit die „Buy out"-Phase etabliert. Mit 18,4 Mrd. € stellten die Buy outs in 2003 63 Prozent aller Private Equity Investitionen. Early-Stage-Finanzierungen konnten nur 7 Prozent erreichen. In Europa scheinen Private Equity Investitionen auch stärker auf die nationalen Märkte ausgerichtete zu sein. „In Belgien, Tschechien, Dänemark, Finnland, Ungarn, Irland, Italien, Portugal und Spanien wurden jeweils 90 % im Inland investiert, in der Slowakei und Polen sogar 100%. Nur in der Schweiz überwogen Auslandsinvestitionen. In Großbritannien lag der Anteil der Auslandsinvestitionen bei 42%"[27]

---

[26] Vgl. BVK, BVK Special, S. 2
[27] Vgl. BVK, BVK Special, S. 3

Kapitel 3:
Venture Capital Nehmer – Beispiele ausgewählter Erfolgsgeschichten von Private Equity/Venture Capital Finanzierungen

1. Historische Beispiele von Private Equity/ Venture Capital Finanzierungen

Zu allen Zeiten der Menschheitsgeschichte gab es Unternehmungen, die von Initiatoren ausgingen, denen es – meist aufgrund der Größe des Vorhabens – an den erforderlichen Mitteln fehlte. Könige zählten dabei ebenso zu Venture Capital **Nehmern** wie Entdecker und Erfinder. Ausgedehnte Kriegszüge in „ferne" Regionen mussten von privaten Kapitalgebern mitgetragen werden, die im Falle erfolgreicher Strategien mit reichen Erträgen rechnen konnten. Auf die gleiche Weise wurde in die Entdeckung neuer Seefahrtswege oder sagenhafter „Goldschätze" in unbekannten Ländern zumeist auch Wagniskapital privater Kapitalgeber investiert.[28] Die Entdeckungsreisen portugiesischer, spanischer und holländischer Seefahrer im 15. bis 17. Jahrhundert wurden maßgeblich durch das Kapital wohlhabender Kaufleute ermöglicht, welche so neue Märkte erschließen und seltene Rohstoffe bzw. Produkte importieren wollten.

Ein historisch weithin bekanntes Beispiel einer risikobehafteten Kapitalinvestition ist die Reise des Italieners **Christoph Kolumbus** (1451 - 1506), die er im Auftrag und mit finanzieller Unterstützung der spanischen Krone unternahm und die zur Entdeckung Mittelamerikas führte. Interessant ist in diesem Zusammenhang, dass bereits hier von einer „Fondskonstruktion" gesprochen werden kann, da neben Kolumbus und dem spanischen Königshaus auch Geschäftsleute und adelige Geldgeber an der Investition beteiligt waren.

---

[28] Vgl. Jesch, Th. A., Private Equity Beteiligungen, S. 33

Kolumbus vor dem Aufbruch in die Neue Welt

Diese Lithographie zeigt den Entdecker Christoph Kolumbus am 3. August 1492 vor seiner ersten Reise über den Atlantik. Er wollte beweisen, dass man Indien in westlicher Richtung schneller erreichen konnte als auf den bis dahin benutzten Routen.[29]

Die Geschichte bedeutsamer Erfindungen ist ebenso eng mit Wagniskapital verbunden wie die großer Entdeckungen. Private Equity ist auch das Fundament „moderner Printmedien" in Europa gewesen. Für die Entwicklung der ersten Metall-Lettern zum Buchdruck beteiligte **Johannes Gutenberg** (Johannes Gensfleisch zur Laden, 1400 - 1468) einen privaten Investor, den Kaufmann Johannes Fust.[30] Johannes Gutenberg schloss im Jahr 1449 mit seinem Investor Fust einen Vertrag über 800 Gulden zur Buchdruck-Entwicklung. Die Höhe dieser Investition entsprach in der damaligen Zeit dem Immobilienwert einer Häuserzeile in Mainz. Gutenberg verpfändete als Sicherheit seine Erfindung. Zwischen Gutenberg und Fust kam es zum Bruch, welcher Gutenberg in den finanziellen Ruin trieb. Der Vertrieb der durch den Buchdruck vervielfältigten Bibeln hat dem Kapitalgeber Fust jedoch einigen Wohlstand verliehen. Dieser führte nach Gutenbergs Ausscheiden die Buchdruckerei-Werkstatt zusammen mit seinem Schwiegersohn, Peter Schöffer, der vormals Gutenbergs Lehrling war, weiter.[31]

---

[29] Vgl. The Bettmann Archive in: Microsoft ® Encarta ® Enzyklopädie 2005
[30] Vgl. www.wikipedia.de
[31] Vgl. www.gutenberg-museum.de

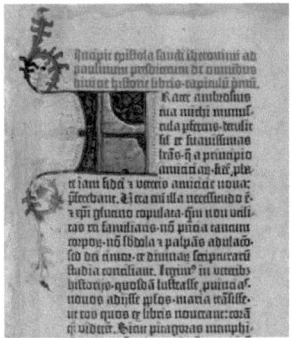 

Der Anfang der Gutenberg-Bibel, Teil 1. Altes Testament[32]

Johannes Gutenberg
Mit seiner Erfindung der beweglichen Metalllettern revolutionierte Johannes Gutenberg die Buchdruckerkunst.[33]

Ein weiteres Beispiel der Förderung innovativer Ideen durch unternehmerisches Wagniskapital ist die Investition öffentlicher Gelder in die Entwicklung der mechanischen Computer-Vorläufer von **Charles Babbage** (1792 - 1871). Der englische Staat finanzierte 1823 einen erheblichen Betrag zur Verbesserung von Babbage's „Difference Engine" – der erhoffte Erfolg blieb aus. Zu seinen Lebzeiten konnte zwar kein funktionstüchtiges Exemplar fertig gestellt werden, moderne Nachbauten seiner mechanischen Rechenmaschine nach Originalbauplänen belegen jedoch die Funktionstüchtigkeit von Babbage's Difference Engine.

---

[32] www.wikipedia.de
[33] Culver Pictures in: Microsoft ® Encarta ® Enzyklopädie 2005.

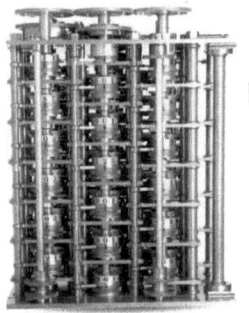

Charles Babbage[34]
Der britische Mathematiker und Erfinder Charles Babbage (1792-1871) entwickelte um 1835 den ersten programmgesteuerten Digitalrechner.

2. Die Entwicklung von Private Equity/Venture Capital in USA

Die USA sind im Bereich des Private Equity/Venture Capital unangefochtene Vorreiter. Institutionelle Anleger (Pensionsfonds, Versicherungen) in USA haben im Durchschnitt derzeit zwischen 5%-10%, in Einzelfällen sogar bei bis zu 40% in Private Equity bzw. Venture Capital Fonds investiert. Die deutschen institutionellen Anleger (Pensionskassen und Versicherungen) liegen bei weniger als 1%.[35]

Ende 1999 waren nach einer Schätzung von Venture Economics 72% (= 401,8 Mrd. US-Dollar) der weltweit in Private Equity investierten Gelder (= 558 Mrd. US-$) in den USA platziert. Dies ist wenig verwunderlich, denn bereits 1958 schuf der amerikanische Staat eine besondere Form von Private Equity Gesellschaft, so genannte „Small Business Investment Companies", mit hohen steuerlichen Vorteilen für Investoren. Finanziert wurde dabei hauptsächlich in spätere Unternehmensentwicklungsphasen.

Die Venture Capital Investitionen hatten ihre Auswirkungen auch auf den Arbeitsmarkt. Nach Auskunft der Small Business Admi-

---

[34] The New York Public Library in: Microsoft ® Encarta ® Enzyklopädie 2005.
[35] Vgl. Jesch, Th. A., Private Equity Beteiligungen, S. 35

nistration gehen in den Jahren 1970 bis 1993 67% aller Arbeitsplätze in den USA auf Neugründungen zurück. Insgesamt wurden in den USA dabei 20 Mio. neue Arbeitsplätze geschaffen.

Private Equity/Venture Capital in Silicon Valley

Silicon Valley und Palo Alto sind inzwischen Inbegriff für Hochtechnologie und Venture Capital geworden. Ein wesentlicher Grund dafür ist, dass sich die Venture Capital Gesellschaften schnell rund um die etabliertesten Wissenschaftszentren in Kalifornien (Silicon Valley) und Massachusetts ansiedelten. Dort befinden sich renommierte Universitäten wie Harvard University, Massachusetts Institute of Technology (MIT), Standford University, Santa Clara University und die San Jose State University. Durch die Verbindung zwischen Wissenschaft und Kapital hat die Region „Silicon Valley" die höchste Venture Capital Konzentration in den USA erlangt. [36]

Als Geburtsort des Silicon Valley gilt die Garage der beiden **Hewlett Packard** (HP)-Gründer, William (Bill) Hewlett und David Packard, in Palo Alto, in der am 1. Januar 1939 Hewlett Packard als Hersteller wissenschaftlicher Instrumente ins Leben gerufen wurde.

Die berühmte Garage in Palo Alto, in der HP gegründet wurde.[37]

Quelle: www.8bit-museum.de

---

[36] Jesch, Th. A., Private Equity Beteiligungen, S. 37
[37] Quelle: Freie Enzyklopädie Wikipedia

Andere berühmte „Garagen"-Geburten folgten: **Apple-Computer** wurde von Steve Jobs und Steve Wozniak in der Garage von Steve Jobs' Eltern gegründet. Der Verkaufserlös eines VW's und eines Taschenrechners stellte das Startkapital für das junge Unternehmen. Beide bauten ihren ersten Computer im elterlichen Schlafzimmer und schufen damit den „Apple 1".

Wozniak, Jobs, and the Apple I

Das Startkapital der Jungunternehmer reichte jedoch bei weitem nicht aus. Die erste größere Finanzierung übernahm Armas C. Markkula mit 92.000 US $ aus seinem Privatvermögen. Spätere Expansionen finanzierten Venrock Associates (Familie Rockefeller) und weitere bekannte Namen aus dem Private Equity Umfeld in Silicon Valley. Schließlich wurde das Stammkapital auf 505.600 US $ aufgestockt; die Kapitalgeber hielten Einzug in die Aufsichtsgremien. Ein Kapitalgeber übernahm in den Anfangsjahren eine Beteiligung mit 1,5 Mio. US $, welche zum Börsenjahr 1978 mit 100 Mio. US $ bewertet wurde.[38]

Eine weitere Wagniskapital-Erfolgsgeschichte liefert **Compaq Computer Corporation**. Compaq (Abkürzung für Compability and Quality) wurde im Februar 1982 von Rod Canion, Jim Harris und Bill Murto gegründet. Alle drei als Senior-Manager Beschäftigte verließen Texas Instruments, um mit jeweils 1.000 US $ Eigenkapitalinvestition ihr eigenes Unternehmen zu gründen. Das erste Produkt des neuen Unternehmens war eine tragbare Ausgabe des IBM-PC's. Mit ihrer Idee konnten sie Ben Rosen, Präsident der

---

[38] Jesch, Th. A., Private Equity Beteiligungen, S. 40

Sevin-Rosen Partners, einer high-tech Venture Capital Firma, begeistern. Mit Rosen's Kapitalbeteiligung konnte Compaq 1983 mit dem IPO im NASDAQ 67 Million US $ erzielen.[39] Im Januar 1995 war Compaq Weltmarktführer im PC-Bereich und kaufte 1997 Tandem-Computers. 2002 fusionierte Compaq mit Hewlett-Packard.

Über 7000 Software- und Elektronikfirmen sowie Tausende von Firmenneugründungen sind im Silicon Valley angesiedelt. Während des IT-Gründerbooms, Ende der 1990er Jahre, wurden im Silicon Valley fast jede Woche beinahe 20 neue Firmen gegründet und durchschnittlich alle 5 Tage ging eine Firma aus dem Valley an die Börse. Allein im Jahre 1997 entstanden dort mehr als 900 Firmen. Einige Firmen waren so erfolgreich, dass der Wert ihrer Aktien während dieser Zeit um das 200-fache anstieg.[40] Diese Entwicklungen hatten zwar mit dem wirtschaftlichen Einbruch der New Economy im Jahr 2000 und in Folge der Ereignisse rund um den 11. September 2001[41] ein Ende, dennoch gilt Silicon Valley auch heute als Keimzelle für Innovationen und Hochtechnologie.

Private Equity/Venture Capital Gesellschaften in USA

Bereits 1946 dürfte durch Georges Doriot (Professor an der Harvard Universität) und Ralph E. Flanders (Präsident der Federal Reserve Bank) die erste Venture Capital Gesellschaft gegründet worden sein, die American Research and Development Corp. (ARD)[42]. In den 1960er Jahren förderte sogar der amerikanische Staat die Investitionen in Private Equity durch besondere Darlehen und steuerliche Vorteile für die sog. Small Business Invest-

---

[39] http://h18020.www1.hp.com/corporate/history.htm
[40] Malek, M., Vortrag
[41] Anm.: In den Morgenstunden des 11. September 2001 wurden die USA Opfer des verheerendsten Terroranschlags der Geschichte. Entführte Verkehrsflugzeuge rammten das World Trade Center in New York und zerstörten die beiden Hochhaustürme dabei vollständig. Bei der Terrorattacke kamen allein im World Trade Center etwa 3000 Menschen ums Leben.
[42] www.diegruender.at

ment Companies. Diese Sonderform des Private Equity spielt heutzutage kaum mehr eine Rolle.

Ein weiterer Pionier der Venture Capital Finanzierungen in den USA war Anfang der siebziger Jahre Thomas J. Perkins, der eine der ersten, größten und erfolgreichsten Venture Capital Gesellschaften in den USA gründete. Zu einigen seiner erfolgreichsten Investitionen zählen Tandem Computers und Gentech. In Tandem investierte er 1975 US $ 1,45 Mio. 10 Jahre später steigerte sich der Wert auf das 114-fache: US $ 166 Mio. Bei Gentech Inc. betrug die Steigerung innerhalb von 10 Jahren sogar das 800-fache: von 1976 US $ 200.000 Investition auf US $ 160 Mio.[43]

1998 wurden im Silicon Valley 3,3 Milliarden US $ an Venture Capital investiert. In der gesamten BRD waren es dagegen nur 1,9 Milliarden US $.[44] Mehr als ein Drittel des gesamten Risikokapitals der USA sind im Silicon Valley investiert. Das waren, selbst nach dem Zusammenbruch der New Economy, im 3. Quartal 2000, immerhin noch 6,95 Milliarden US $ und damit fünfmal soviel wie zwei Jahre zuvor![45]

Know how für Gründer: Economy Two

Einzigartig für Silicon Valley ist die „Economy Two". Die „Economy Two" hat das Ziel, die Entstehung neuer Firmen zu unterstützen und zu erleichtern: Sie bietet spezielle Dienstleistungen für Startups, vereinfacht damit die Schaffung neuer Technologie-Firmen und beschleunigt deren frühes Wachstum. Die „Produkte" dieses Wirtschaftszweiges sind die neuen Firmen![46]

Der Erfolg amerikanischer Venture Capital Finanzierungen liegt nicht zuletzt auch in der von der nordamerikanischen Gesellschaft getragenen „Pionier-Kultur" und deren staatlicher Unterstützung. Investitionen mit hohem Innovationspotenzial – und

---

[43] Weitnauer, W., Handbuch, S. 16
[44] Jesch, Th. A., Private Equity Beteiligungen, S. 37
[45] http://c3o.org/siliconvalley/wirtschaft/venturekapital.htm
[46] Clay, Ch., Silicon Valley

daher auch großen Renditechancen – werden intensiv von etablierten Wirtschaftsgrößen gefördert. Die enge Verbindung zwischen Wissenschaft und Industrie fördert das Innovationsklima und führt die erfolgträchtigsten Neuentwicklungen durch Einsatz von Wagniskapital zum wirtschaftlichen Erfolg. Nicht ohne Grund ist das Gebiet um Silicon Valley mit den dort ansässigen Universitäten die Region mit der höchsten Anzahl an Venture Capital Gesellschaften. Dies zeigt auch, dass Venture Capital bevorzugt in zukünftige Wachstumsmärkte investiert, beispielsweise Informationstechnologie, Biotechnologie, Onkologie, Querschnittstechnologien wie Nanotechnologie, Optoelektronik.

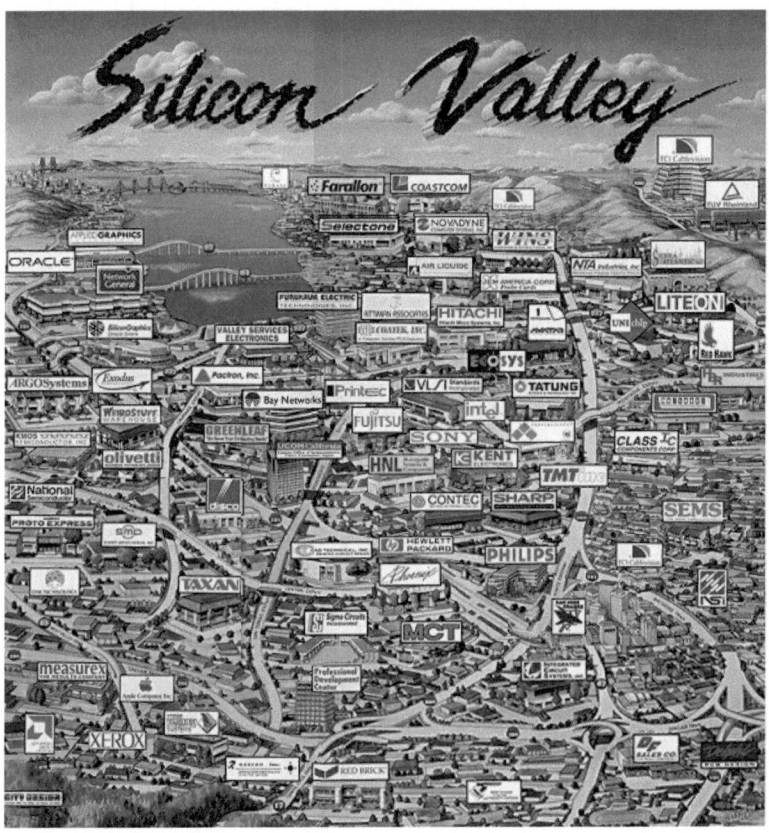

Quelle: http://c3o.org/siliconvalley/wirtschaft/p/svfirmen.jpg

3. Die Entwicklung von Private Equity/Venture Capital in Deutschland

In Deutschland wurde erstmals 1975 die Deutsche Wagniskapitalgesellschaft gegründet. Diese kann als erste Venture Capital Gesellschaft gewertet werden. Sie wurde von der deutschen Bundesregierung durch Vorauszahlungen und umfangreiche Garantien unterstützt.[47] In den 1970er Jahren war ein Großteil der Kapitalbeteilungsgesellschaften im Eigentum deutscher Banken, erst später tauchten privatwirtschaftliche Gesellschaften auf.

Ein gutes Wirtschaftsklima, die Vorbereitungen auf den europäischen Binnenmarkt, Generationswechsel in den Unternehmen, insbesondere im Mittelstand, führten dazu, dass Wagniskapital und damit Venture Capital in den 80er Jahren weiter auf dem Vormarsch war. Zu dieser Zeit wurden die ersten beiden privatwirtschaftlichen Venture Capital Gesellschaften gegründet, nicht zuletzt beflügelt durch die guten Ergebnisse und Renditenachrichten aus den USA.

Durch den Fall der Mauer und den damit verbundenen Umwälzungen kam es Anfang der 1990er Jahre zu einer Verlangsamung des Wachstums im Beteiligungsmarkt.[48]

Auch Deutschland hat Venture Capital Erfolgsgeschichten aufzuweisen:

1995 war **Peter Schambach**, Software-Entwickler aus Jena, auf der Suche nach Eigenkapital für sein Unternehmen „NetConsult Computersysteme GmbH". Per Zeitungsanzeige in der FAZ kommunizierte er sein Gesuch und erhielt zahlreiche Zuschriften von potentiellen Investoren. 1997 wurde das Unternehmen in „Intershop" umbenannt und kam mit der „Technologieholding" zum Geschäftsabschluss. Diese stellte 3,8 Millionen DM Investitionskapital zur Verfügung, welches sich bis zum Exit auf rund

---

[47] Geigenberger, I., Risikokapital, S. 13
[48] Weitnauer, W., Handbuch, S. 29

eine halbe Milliarde Mark vermehrte.[49] Am 16. Juli 1998 wurden 1,8 Millionen Aktien zu einem Emissionskurs von 51,13 € am Neuen Markt in Frankfurt emittiert.[50] Heute ist Intershop einer der führenden Anbieter von E-Commerce-Software im Internet mit weltweit über 300 Großkunden in den verschiedenen Branchen und Niederlassungen in Europa und Amerika.

Einen generellen Aufschwung hat die Finanzierungsform „Venture Capital" ab Mitte der 1990er Jahre mit dem New Economy-Gründerboom erfahren.[51] Die Investitionen von Venture Capital Gesellschaften haben sich von 1996 bis 2000 fast versiebenfacht, insbesondere bei den Early-Stage-Investitionen.[52] Insgesamt betrachtet wuchs das investierte Kapital pro Jahr zwischen 1988 und 1998 um durchschnittlich 17,5%.[53]

Die Börsenschwäche 2001 wirkte sich negativ auf die deutsche Venture Capital Landschaft aus, da es an lukrativen Ausstiegsmöglichkeiten der Fonds über die Börse fehlte. Dies führte zu Bereinigungen der Portfolios der Venture Capital Gesellschaften und zu einem Rückgang der Investitionen. Die damals ausgelöste Talfahrt scheint nun überwunden: Der Trend zeigt, dass die Venture Capital Fondsgesellschaften seit 2003 wieder stark investieren (2000: 16,4%; 2003: 70,7%[54]). In Deutschland dominieren dabei seit einigen Jahren die großen Transaktionen, bei denen Großunternehmen einzelne Geschäftsbereiche ausgliedern.

Obwohl derzeit mindestens 10 Mrd. € Start-up Kapital in Deutschland investiert werden müssten, um Erfolg versprechenden Ideen eine Chance auf dem Markt zu geben, hinkt die Entwicklung einer deutschen Eigenkapital-Investitionskultur den angelsächsischen Ländern hinterher. Die Gründe hierfür mögen, wie eingangs bereits erwähnt, an der vorsichtigen Haltung vieler deut-

---

[49] Jesch, Th. A., Private Equity Beteiligungen, S. 122
[50] Vgl. Investoren-Datenblatt der Intershop AG, Stand Juli 2005
[51] www.diegruender.at
[52] Weitnauer, W., Handbuch, S. 56
[53] Schefczyk, M. Finanzieren, S. 1
[54] Vgl. BVK Hintergrundinformation Nr. 3

scher Anleger nach negativen Erfahrungen mit spekulativen Kapitalanlagen liegen. Sobald sich einer breiten Öffentlichkeit wieder größere Ertragsrealisierungen zeigen, dürfte die Nachfrage nach Anlagemöglichkeiten kräftig zunehmen.

Kapitel 4:
Wirtschaftliche und rechtliche Rahmenbedingungen des Private Equity/Venture Capital Marktes in Deutschland

1. Die wirtschaftliche Ausgangslage in Deutschland

Das allgemeine wirtschaftliche Klima im Jahr 2005 ist in Deutschland nach wie vor getrübt. Rekordarbeitslosenzahlen, verhaltene Investitionsneigung in Unternehmen und Verunsicherung in der Bevölkerung hinsichtlich der Stabilität des sozialen Sicherungssystems tragen zu einer „depressiven" Wirtschaftsstimmung bei. Die Risikoaversionshaltung vieler Bürger führt zu Konsumrückgängen und damit zu einer geringeren Steigerung des Wirtschaftswachstums.

Die folgenden Auszüge aus dem Monatsbericht des Bundesministeriums für Finanzen vom August 2005 liefern einen aktuellen Zahlenüberblick:

Finanzwirtschaftlich wichtige Wirtschaftsdaten

Gesamtwirtschaft/ Einkommen	2004		Veränderung in % gegenüber					
		ggü. Vorj.	Vorperiode saisonbereinigt			Vorjahresperiode		
	Mrd. €	%	4.Q.04	1.Q.05	2.Q.05	4.Q.04	1.Q.05	2.Q.05
Bruttoinlandsprodukt								
real[1]	2 119	+ 1,6	− 0,1	+ 0,8	+ 0,0	+ 1,3	− 0,3	+ 1,5
nominal[2]	2 207	+ 2,0	+ 0,0	+ 1,0	+ 0,0	+ 1,6	+ 0,5	−
Einkommen[3]								
Volkseinkommen	1 636	+ 2,2	− 0,1	+ 1,3	−	+ 1,4	+ 1,3	−
Arbeitnehmerentgelt	1 134	+ 0,2	− 0,3	+ 0,4	−	− 0,1	− 0,4	−
Unternehmens- und Vermögenseinkommen	502	+ 7,0	+ 0,3	+ 3,5	−	+ 5,8	+ 4,8	−
Verfügbare Einkommen der privaten Haushalte	1 441	+ 1,2	+ 1,2	− 1,2	−	+ 2,2	+ 0,8	−
Bruttolöhne und -gehälter	912	+ 0,3	− 0,3	+ 0,7	−	− 0,1	− 0,2	−
Sparen der privaten Haushalte	155	+ 0,8	+ 3,4	− 1,5	−	+ 4,2	+ 2,7	−

Wirtschaftliche und rechtliche Rahmenbedingungen

Umsätze/ Auftragseingänge/ Außenhandel (nominal)	2004 Mrd. € bzw. Index	ggü. Vorj. %	Veränderung in % gegenüber Vorperiode saisonbereinigt			Vorjahresperiode		
			Mai 05	Jun 05	3-Monats-durch-schnitt	Mai 05	Jun 05	3-Monats-durch-schnitt
Umsätze								
Industrie[4]	105,2	+ 4,5	+ 0,6	+ 1,8	+ 0,4	+ 2,3	+ 3,8	+ 2,7
Inland[4]	99,4	+ 2,5	- 0,1	+ 0,9	- 0,5	+ 1,3	+ 2,2	+ 1,3
Ausland[4]	114,5	+ 7,3	+ 1,3	+ 3,1	+ 1,8	+ 3,6	+ 6,1	+ 4,5
Bauhauptgewerbe (Mrd. €)	79	- 5,2	+ 3,4	-	- 5,4	- 6,0	-	- 14,3
Einzelhandel (mit Kfz. und Tankstellen)	101,6	+ 1,6	+ 2,3	- 1,0	+ 0,2	+ 2,9	+ 3,0	+ 2,2
Großhandel (ohne Kfz.)	105,5	+ 5,5	+ 2,3	- 2,1	+ 0,7	+ 7,2	+ 4,3	+ 5,6
Auftragseingang								
Industrie	105,6	+ 7,1	+ 2,0	+ 2,4	+ 0,6	+ 2,4	+10,0	+ 5,7
Inland	99,0	+ 5,0	+ 0,4	+ 3,8	+ 1,5	+ 1,9	+ 8,2	+ 4,6
Ausland	113,8	+ 9,5	+ 3,7	+ 0,8	- 0,4	+ 2,8	+11,8	+ 6,8
Bauhauptgewerbe	74,6	- 5,7	+ 6,7	-	+ 2,6	+ 3,3	-	- 3,4
Außenhandel (Mrd. €)								
Waren-Exporte	731	+10,0	+ 3,7	- 0,4	+ 2,1	+ 5,2	+ 9,8	+ 6,6
Waren-Importe	576	+ 7,8	+ 5,6	- 5,5	+ 3,6	+10,9	+ 8,1	+ 9,5

Arbeitsmarkt	2004 Personen Mio.	ggü. Vorj. %	Veränderung in Tsd. gegenüber Vorperiode saisonbereinigt			Vorjahresperiode		
			Mai 05	Jun 05	Jul 05	Mai 05	Jun 05	Jul 05
Erwerbstätige, Inland	38,86	+ 0,4	+ 11	+ 28	-	+ 31	+ 47	-
Arbeitslose (nationale Abgrenzung nach BA)	4,38	+ 0,1	- 5	- 26	- 42	+ 513	+ 471	+ 412

Preisindizes 2000 = 100	2004 Index	ggü. Vorj. %	Veränderung in % gegenüber Vorperiode			Vorjahresperiode		
			Mai 05	Jun 05	Jul 05	Mai 05	Jun 05	Jul 05
Importpreise	97,2	+ 1,0	- 0,4	+ 1,6	-	+ 2,2	+ 4,4	-
Erzeugerpreise gewerbl. Produkte	105,8	+ 1,6	+ 0,0	+ 0,5	-	+ 4,1	+ 4,6	-
Verbraucherpreise	106,2	+ 1,6	+ 0,3	+ 0,1	+ 0,5	+ 1,7	+ 1,8	+ 2,0

ifo-Geschäftsklima Verarbeitendes Gewerbe Deutschland (ohne Nahrungs- und Genussmittelindustrie)	saisonbereinigte Salden							
	Dez 04	Jan 05	Feb 05	Mrz 05	Apr 05	Mai 05	Jun 05	Jul 05
Klima	+ 6,6	+ 6,5	+ 3,4	- 0,8	- 3,9	- 5,0	- 4,8	+ 0,2
Geschäftslage	+ 3,8	+ 5,0	+ 2,4	- 3,5	- 5,4	- 4,9	- 4,2	- 1,9
Geschäftserwartungen	+ 9,5	+ 7,9	+ 4,4	+ 1,8	- 2,4	- 5,1	- 5,5	+ 2,3

[1] Rechenstand: 11. August 2005.
[2] Rechenstand: saisonbereinigte Veränderungsraten 11. August 2005, Ursprungswerte Mai 2005.
[3] Rechenstand: Mai 2005.
[4] Veränderungen gegenüber Vorjahr aus saisonbereinigten Zahlen berechnet.
Quellen: Statistisches Bundesamt, Deutsche Bundesbank, ifo-Institut.

Gerade jetzt wäre es für deutsche Unternehmen wichtig, neue Märkte zu erschließen und für die deutsche Wirtschaft allgemein, jungen innovativen Unternehmen die Chance zum Markteintritt zu geben. An Innovationspotenzialen würde es nicht fehlen. Dies belegt die Statistik des Europäischen Patentamtes, wonach 2003 in Europa über 162.200 Patente angemeldet wurden, davon allein 20 % von deutschen Erfindern. Deutschland erreicht hierdurch bei europäischen Patenten den 2. Platz. Die Umsetzung dieser Innovationspotenziale fällt jedoch bedauerlicher Weise außerhalb von industriell verwerteten Patenten schwer. In manchen Segmenten zeigt sich Deutschland aus unterschiedlichsten Gründen technologiefeindlich, obwohl gerade das deutsche „Ingenieurwesen" weltweit hohes Ansehen besitzt. Risikoaversion und schwach ausgeprägter Unternehmergeist schaffen für innovative Ideen ein ungünstiges Entwicklungsklima. Hier müsste gesamtgesellschaftlich eine Umorientierung stattfinden, um für innovative Potenziale höhere Akzeptanz und Unterstützung zu erreichen. Dies gilt nicht nur für industrielle Hochtechnologie, sondern vor allem für mittelständische Unternehmen, die die tragende Säule der deutschen Wirtschaft sind. Gerade im Mittelstand sind Informationsdefizite über alternative Finanzierungsmöglichkeiten in spezifischen Unternehmenssituationen, wie z.B. Expansionen oder Ausgründungen, eine Hauptursache für die geringe Durchdringungsquote von Private Equity.

2. Innovationsstandort Deutschland

Um die Innovationsfreudigkeit in Deutschland zu fördern, werden seitens des Bundes und der Länder immer wieder Projektoffensiven mit unterschiedlichstem Inhalt und variierender Finanzausstattung gestartet. Darüber hinaus werden die rechtlichen Rahmenbedingungen für den Schutz von Erfindungen kontinuierlich angepasst.

Eine Offensive ist beispielsweise die „KMU-Patentaktion" vom 15. Juli 2005, mit der der Bund die Erfinderförderung fortsetzt. Die KMU-Patentaktion soll strategische Patentkenntnisse vermitteln, auf deren Grundlage Unternehmen die schutzrechtliche Sicherung und Verwertung von Erfindungen eigenständig durchführen können. Das Fördervorhaben soll dazu beitragen, ein erfinderfreundlicheres Klima in Deutschland zu schaffen. Es soll die schnelle und umfassende Umsetzung von Forschungs- und Entwicklungsergebnissen in marktfähige Produkte verbessert werden.

Zuschussfähig sind Recherchen zum Stand der Technik, Kosten-Nutzen-Analysen, Patent- oder Gebrauchsmusteranmeldungen beim Deutschen Patent- und Markenamt, Vorbereitungen für die Verwertung einer Erfindung sowie der gewerbliche Rechtsschutz im Ausland. Eine fachliche Beratung im Bereich technischer Zulassungen wird nicht unterstützt.

Die KMU-Patentaktion wendet sich ausdrücklich an „Neulinge", die bisher noch kein Patent angemeldet haben oder deren Antragstellung bereits fünf Jahre zurückliegt. Seit 1996 haben sich mehr als 3.000 KMU und Unternehmensgründer an der Maßnahme beteiligt und dabei das Patentsystem kennen gelernt.

Ein Hemmnis bei der rechtlichen Sicherung von Erfindungen sind die unterschiedlichen Patentregeln, die derzeit noch in der EU gelten. Dies führt zu großer Rechtsunsicherheit und verzerrt die Wettbewerbsbedingungen in den verschiedenen Nationen. Bestrebungen der EU-Kommission zur Vereinheitlichung der Patentierbarkeit von Erfindungen z.B. im Bereich Software wurden jüngst vom europäischen Parlament abgelehnt[55]. Bei den EU-weiten Bemühungen um die Vereinheitlichung des Patentschutzes muss zudem im Bereich „Kosten" nachgebessert werden. Patentanträge sind auch im Informationszeitalter immer noch zeit- und kostenintensiv. Beide Ressourcen – Kapital und Zeit – sind gerade für junge Unternehmen in der Startphase knapp bemessen. Wiederum gibt es für Unternehmen in USA bei einer Patentierung klare Vorteile. Dort haben es speziell die Technologieunternehmen leichter, ihre Erfindungen schützen zu lassen, da sich dort auch die kleinen Unternehmen den Patentschutz leisten können.

---

[55] Financial Times, 6.7.05, S. 1

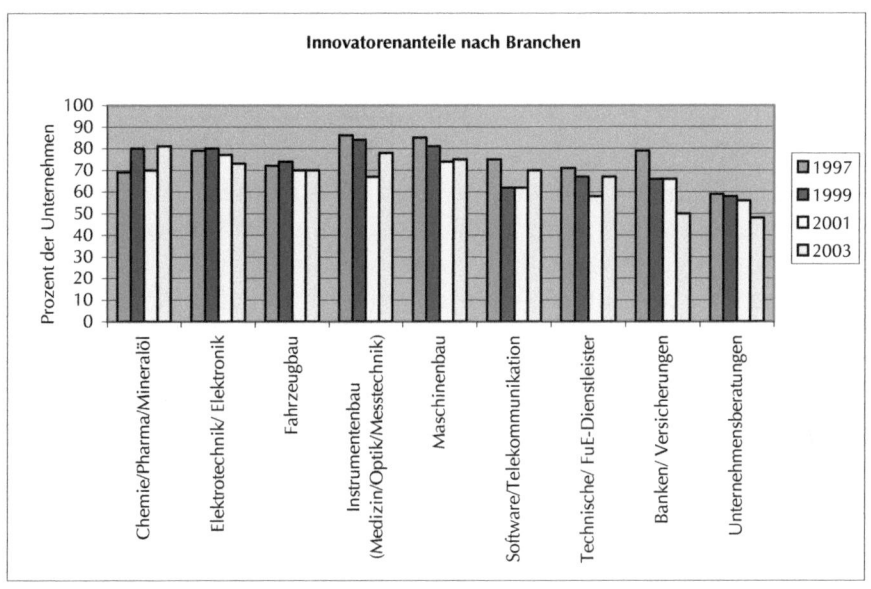

Quelle: Institut der deutschen Wirtschaft, Zahlen, S. 96.

Neben den spezifischen Fragen der rechtlichen Sicherstellung von Innovationen besteht insbesondere für Existenzgründer und Jungunternehmen eine Vielzahl von Einschränkungen, die dringend einer Verbesserung bedarf. Beispielhaft können genannt werden:

- Die unzureichende professionelle Unterstützung der Gründer in der Vorgründungsphase, (erinnert sei hier nur an die professionelle Unterstützung von Existenzgründern durch die „Economy Two" im Silicon Valley),
- die unzureichende Verbreitung von betriebswirtschaftlichem Basis-Know-How, vor allem auch im technisch orientierten Mittelstand,
- die bisher noch zu „dünn gesäten" Lehrangebote der Hochschulen zum Thema „Entrepreneurship" und Unternehmerwissenschaften,

- die häufig fehlende, kompetente fachliche Begleitung bei komplexen Technologien
- und generell die mangelnde gründungsorientierte Infrastruktur.[56]

Dies alles führt in letzter Konsequenz zu einem Mangel in der Kombination aus finanzieller Beteiligung und informationeller Unterstützung. Im Idealfall sollte Venture Capital mit Venture Management verbunden werden, also durch das Angebot einer Rundumbetreuung für Gründer bzw. dem sog. „hands-on" Management ergänzt werden. Um einen Misserfolg von Technologie-Start-up's zu vermeiden, wird in einigen Fällen eine Managementbetreuung durch die Beteiligungsgesellschaft von vorneherein vorgesehen (siehe Kapitel 1).[57]

3. Finanzstandort Deutschland

Unter dem Gesichtspunkt „Private Equity" ist der Finanzstandort Deutschland, wie vorher bereits erwähnt, vor allem im Vergleich zu den angelsächsischen Ländern unterentwickelt.[58] Informationsdefizite, die über diese Anlageformen in der breiten Öffentlichkeit bestehen, lösen besonders dann Unsicherheiten aus, wenn, wie Mitte 2005 geschehen, von politischer Ebene in den Medien „Heuschreckendebatten" angestoßen werden.[59]

In den Jahren 2003 und 2004 hat die Bundesregierung im Interesse des Wirtschaftsstandortes Deutschland und in Anerkennung der Bedeutung der Private Equity Industrie die Rahmenbedingun-

---

[56] Vgl. National Business Incubation Association, (Business Incubation), S. 149, vgl. Achleitner, A.-K.; Engel, R., Situation, S. 76 ff;

[57] Vgl. dazu: Achleitner, A.-K., Handbuch; Achleitner, A.-K.; Engel, R., Ikubatoren, S. 76 ff und EFCA European Private Equity & Venture Capital Association (Hrsg.), Success Stories,

[58] Heise, M., Finanzstandort

[59] Unter „Heuschrecken" werden in diesem Zusammenhang Private Equity Gesellschaften verstanden, die sich in Unternehmen einkaufen, diese dann „meistbietend" und unter Auflösung des ursprünglichen Unternehmens verkaufen.

gen für ein effektives Handeln der Private Equity Gesellschaften durch einige im nachfolgenden aufgeführte Maßnahmen verbessert.[60]

Gesetz zur Förderung von Wagniskapital[61]

Das Gesetz zur Förderung von Wagniskapital ist am 30. Juli 2004 vom Bundestag verabschiedet worden. Damit erhofft sich die Bundesregierung eine Erhöhung der Innovationskraft technologieorientierter Unternehmen, einen wirksamen Anreiz für Neugründungen sowie eine Verbesserung der Eigenkapitalausstattung kleiner und mittlerer Unternehmen. Gleichzeitig soll dadurch die Position Deutschlands im europäischen Wettbewerb im Markt für Beteiligungskapital und als Standort für Wagniskapitalfonds gestärkt werden.

Mit dem Gesetz zur Förderung von Wagniskapital wird der besondere Gewinnanteil, den die Initiatoren von Venture Capital Gesellschaften für ihre Tätigkeit im Interesse der Gesamtheit aller Anleger aus dem Veräußerungserlös von Unternehmensbeteiligungen erhalten (Carried Interest), als Einkünfte aus selbständiger Tätigkeit qualifiziert und nach dem Halbeinkünfteverfahren besteuert, d.h. zur Hälfte steuerbefreit.

Ziel dieser Regelung ist, erfolgreiche Initiatoren und Fondsmanager, die bisher solche Einkünfte voll und nicht selten mit ihrem persönlichen Spitzensteuersatz versteuern mussten, einen Anreiz zu geben, ihre Fähigkeiten auch in inländische innovative Unternehmen einzubringen.

---

[60] Bundesverband Deutscher Kapitalbeteiligungsgesellschaften (BVK), Pressemitteilung v. 3. Mai 2005
[61] Gesetz zur Förderung von Wagniskapital vom 30.Juli 2004

Öffentliche Finanzierungshilfen: ERP-Startfonds

Seit November 2004 stellt das Bundesministerium für Wirtschaft und Arbeit den privaten Equity Gesellschaften in Deutschland im Rahmen des **ERP-Startfonds**[62] 250 Millionen € für neue Investitionen zur Verfügung.

Nach der Neuordnung und Fusion mit der Deutschen Ausgleichsbank erfolgt nun die neue staatliche Förderung der Beteiligungsfinanzierung aus einer Hand. Zuständig ist die Kreditanstalt für Wiederaufbau (KfW) Mittelstandsbank.

Das neue Programm „ERP-Startfonds" ist in drei Module aufgeteilt:

- **Early Stage**
- **Later Stage**
- **Eigenkapital für den Mittelstand**

Der **Early-Stage-Fonds** bietet Eigenkapital für junge Technologieunternehmen bis zu 5 Jahre. Die KfW investiert bei dieser Form direkt in das Unternehmen, allerdings muss sich parallel ein Co-Investor ebenfalls zu einem bestimmten Anteilssatz an dem Unternehmen beteiligen.[63]

Der **Later-Stage-Bereich** bietet Eigenkapitalfinanzierungen für etablierte Mittelständler, wobei die KfW nicht direkt in das Unternehmen investiert, sondern einem Beteiligungsgeber ein Refinanzierungsdarlehen zur Verfügung stellt.[64]

Eigenkapital für den Mittelstand soll die Angebotslücke bei Beteiligungen zwischen 1 und 5 Mio. € schließen. Zielgruppe sind solide Unternehmen, die bereits seit 5 Jahren bestehen und weiteres Wachstumspotenzial erkennen lassen. Finanziert wird in unterschiedliche Vorhaben, wie etwa Expansion, Regelung der Unter-

---

[62] Anm.: ERP-Startfonds werden aus dem Bundessondervermögen finanziert. ERP bedeutet European Recovery Programme.
[63] Vgl. KfW Bankengruppe, Beteiligungsfinanzierung
[64] Vgl. ebenda

nehmensnachfolge, Übernahme bestehender Unternehmen. Die Förder-Laufzeit liegt zwischen 6 und 8 Jahren.[65]

„Öffentliche Förderung muss zusammen mit dem Markt erfolgen. Der neue staatliche ERP-Startfonds bringt auch gleichzeitig privates Beteiligungskapital für die Unternehmen" erklärt Hans W. Reich, Vorstandssprecher der KfW Bankengruppe.

Die KfW Mittelstandsbank bietet acht Beratungsstellen (sog. „ServicePoints") in Deutschland an. Meist sind diese ServicePoints landeseigene Mittelstandsbanken oder Förderbanken.

Quelle: www.kfw.de

---

[65] Vgl. KfW Bankengruppe, Beteiligungsfinanzierung

Neben den bundesweiten Förderangeboten bieten auch die einzelnen Bundesländer spezielle Fördermöglichkeiten zur Beteiligungsfinanzierung an.

In Bayern beispielsweise ist die Bayerische Landesanstalt für Aufbaufinanzierung LfA zuständig. Die LfA bietet mit ihren Töchtern Beteiligungsfinanzierung für folgende Bereiche an: Technologietransfer für innovative Unternehmen, Biotechnologie, Technologiemarketing, Schlüsseltechnologien, Unternehmensnachfolge, MBO und MBI.

LfA-Töchter und verbundene Unternehmen

Quelle: http://www.lfa.de/wir_die_lfa/toechter.htm

Die öffentlichen Förderprogramme stellen Finanzierungsmöglichkeiten bereit und reduzieren damit finanzielle Risiken. Kontraproduktive Wirkungen können dadurch auftreten, dass staatliche Fördermittel nur in Verbindung mit privaten Investoren vergeben werden. So kommt es in Aufschwungphasen zu einer Überhitzung, während in Abschwungphasen kaum Förderungen in Anspruch genommen werden können, weil es an privaten Investoren fehlt. Die Schwäche des Programms liegt in der prozyklischen Ausrichtung auf die Marktschwankungen.[66]

---

[66] Vgl. Schaaf, J., Private Equity

4. Steuerstandort Deutschland

Steuerlich betrachtet ist Deutschland kein Venture Capital freundliches Land[67]. So liegt allein der Spitzensteuersatz für Einkommen und Gewinn in Deutschland seit 2005 bei 42% und ist zusätzlich um den derzeit erhobenen Solidaritätszuschlag von 5,5% zu erhöhen. Die Investition in einen Venture Capital oder Private Equity Fonds kann in Deutschland nicht als Sonderausgabe von der Steuer abgezogen werden. Die Besteuerung der Erträge aus dem Fonds ist abhängig von der rechtlichen Konstruktion der Fondsgesellschaft.

Die Besteuerung von Risikokapitalanlagen in Deutschland gilt daher allgemein als hoch. Die Fondsgesellschaften unterliegen, je nach Rechtsform, der normalen Besteuerung bei der Einkommen- bzw. Körperschaft-, Gewerbe- und Umsatzsteuer.

Private Investoren, die sich an gewerblichen Venture Capital Fondsgesellschaften beteiligen oder ihre Beteiligung im Betriebsvermögen halten, erzielen generell Einkünfte, die voll zu versteuern sind. Verluste[68] sind, wenn überhaupt, nur sehr eingeschränkt berücksichtigungsfähig.

Private Investoren, die sich an vermögensverwaltenden Venture Capital Fondsgesellschaften beteiligen und ihre Beteiligung im Privatvermögen halten, erzielen laufende Einkünfte (aus Dividendenausschüttungen und Zinsen aus der Liquiditätsreserve) die nach dem günstigen Halbeinkünfteverfahren besteuert werden. Andererseits können sie aus dem jeweiligen Exit (Verkauf der Beteiligung) einen Veräußerungsgewinn erzielen, der, sofern die

---

[67] Vgl. dazu Jesch, Th. A., Private Equity Beteiligungen, S. 157
[68] Anm.: In den vergangenen Jahren, insbesondere in den Jahren 1991 bis 2000, wurden viele geschlossene Fonds, vor allem im Bereich der geschlossenen Immobilienfonds aufgelegt, die hohe steuerliche Verlustzuweisungen für den Investor vorsahen. Diese Gestaltungen wurden durch die Einführung des § 2b und zuletzt durch § 15 b EStG stark eingeschränkt. Neben den steuerlichen Problemen sind derzeit viele Anleger aus diesen Fonds mit großen wirtschaftlichen Verlusten durch den Leerstand der Immobilien konfrontiert, die im Privatvermögen angefallen und damit steuerlich nicht verrechenbar sind.

Fondsbeteiligung im Privatvermögen gehalten wird, keine wesentliche Beteiligung im Sinne des § 17 EStG[69] darstellt und außerhalb der Spekulationsfrist verkauft wird, steuerfrei ist.

In Österreich beispielsweise sind Beteiligungsfonds von der Körperschaftssteuer, der Gewerbesteuer und der Umsatzsteuer befreit. Weiterhin kann die Investition als Sonderausgabe von der Einkommenssteuer abgesetzt werden und die Kapitalgewinne sind bei späteren Verkäufen ebenfalls steuerfrei, lt. Beteiligungsfondsgesetz von 1982.

Auch in Großbritannien herrschen günstige Steuerregelungen für Private Equity Beteiligungen.

Auf europäischer Ebene hat sich gezeigt, dass die steuerlichen Regelungen investitionslenkende Wirkung haben.[70] Das europäische Grundprinzip[71] sieht insbesondere vor, dass der Anleger einen Teil seiner Private Equity Investition bis zu einer Höchstgrenze bei der Einkommensteuer absetzen kann.

Deutschland muss im steuerlichen Bereich neben der weiteren Senkung der Steuertarife sowie des Körperschaftsteuersatzes und der weitgehenden Steuerfreistellung der Veräußerungsgewinne, noch den Sonderausgabenabzug für Investitionen in Venture Capital- bzw. Private Equity Fonds als weiteren Anreiz schaffen, um Venture Capital Beteiligungen für ein internationales Anlegerpublikum attraktiver zu gestalten und somit mehr Risikokapital für deutsche Firmen anzuziehen. Überschätzen sollte man den Einfluss der steuerlichen Rahmenbedingungen jedoch nicht. Dies haben Untersuchungen in USA zur Änderung im Steuerrecht im Venture Capital Bereich 1978[72] gezeigt.

---

[69] Anm.: Der Gesetzgeber hat in den letzten Jahren die Mindestbeteiligungsgrenze für wesentliche Beteiligungen an einer KapG gem. § 17 EStG mehrmals auf nunmehr nur noch 1% herabgesetzt und damit die Steuerbefreiung für Veräußerungsgewinne stark eingeschränkt.
[70] Vgl. ebenda
[71] Vgl. EFCA European Private Equity & Venture Capital Association (Hrsg.), (Benchmarking)
[72] Vgl. Jesch, Th. A., Private Equity Beteiligungen, S.157ff.

Kapitel 5:
Volks- und betriebswirtschaftliche Impulse von Private Equity/Venture Capital Beteiligungen

Schon mehrfach wurde in diesem Buch die Bedeutung unternehmerischer Innovationstätigkeit hervorgehoben. Für eine Volkswirtschaft stellen unternehmerische Innovationen, insbesondere im Zeitalter globalen Wettbewerbs, die Basis für nachhaltige wirtschaftliche Prosperität dar. Anhand der folgenden knappen Ausführungen soll nochmals belegt werden, wie bedeutsam Venture Capital Finanzierungen in diesem Zusammenhang sein können.

1. Auswirkungen auf das Bruttoinlandsprodukt (BIP)

Das Bruttoinlandsprodukt (BIP) bezeichnet den Wert aller Güter (Sach- und Dienstleistungen), die in einem Land innerhalb eines bestimmten Zeitraumes erstellt werden. Damit ist das Bruttoinlandsprodukt ein Maß für die wirtschaftliche Leistungsfähigkeit einer Volkswirtschaft in einem bestimmten Zeitraum.[73]

---

[73] Vgl. statistisches Bundesamt

Die folgenden Abbildungen zeigen die Entwicklungen des Bruttoinlandsproduktes in den vergangenen fünf Jahren:

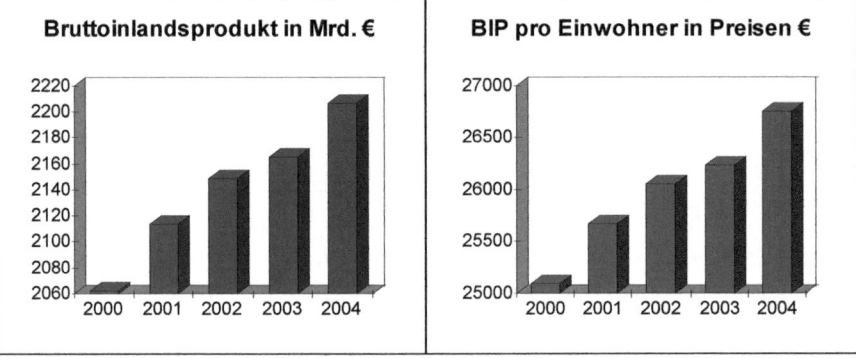

Quelle: Institut der deutschen Wirtschaft, Zahlen

Privat Equity Investitionen erreichten in Deutschland im Jahr 2004 rund 0,17% des BIP[74]. Im Jahr 2003 waren es nur 0,12%. In Großbritannien liegt dieser Wert bei 0,85%. Auch dies zeigt, dass Deutschland einen enormen Nachholbedarf im Private Equity bzw. Venture Capital Bereich hat.

Im Jahr 2004 investierten die im Bundesverband Deutscher Kapitalbeteiligungsgesellschaften (BVK) organisierten Private Equity Gesellschaften in über 5.500 kleine und mittlere Unternehmen. Diese Unternehmen erwirtschafteten einen Jahresumsatz von insgesamt 14,4 Mrd. Euro. Das sind etwa 5,2% des gesamten deutschen Bruttoinlandsprodukts (BIP).

---

[74] Vgl. BVK, Pressemitteilung vom 3. Mai 2005

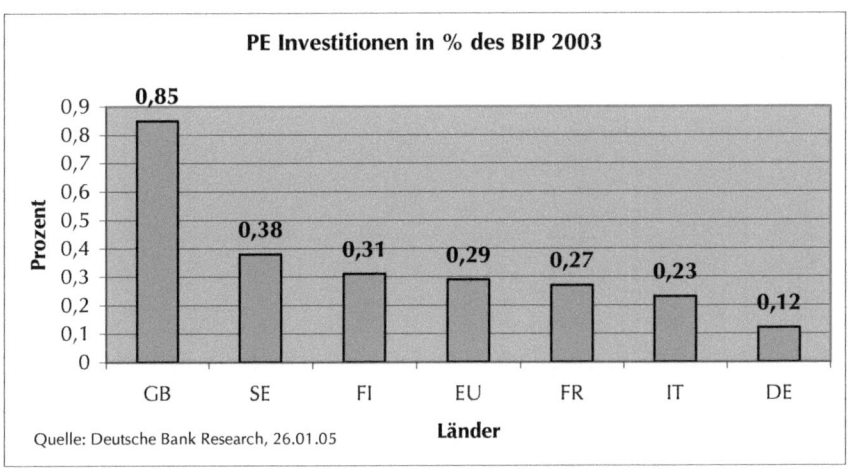

Quelle: Deutsche Bank Research, 26.01.05

Die Tabelle zeigt die Übersicht von Private Equity Investitionen in % gemessen am BIP für das Jahr 2003.

Studien belegen,[75] dass die Ansammlung von Risikokapital einen direkten Beitrag zum Produktivitätswachstum leistet. Laut einer Studie von PricewaterhouseCoopers (Unternehmensberatung) in Zusammenarbeit mit der BVK wachsen Unternehmen, die sich mit Beteiligungskapital finanzieren, im Vergleich zur Gesamtheit aller Unternehmen sowohl in der Umsatz- und Beschäftigungsentwicklung, bei der Eigenkapitalquote als auch in der Exporttätigkeit überdurchschnittlich. In der einschlägigen Literatur wird angegeben, dass Unternehmen, die mit Venture Capital Kapital finanziert wurden, höhere Gewinne erwirtschaften. Das mag daran liegen, dass Venture Capital Kapital in junge und dynamische Unternehmen investiert, bei denen die Motivation und oft auch Qualifikation der Angestellten höher ist, als bei anderen Unternehmen. Der Wert solcher Unternehmen wird damit auch an der Börse höher beurteilt.

---

[75] Romain, A.; van Pottelsberghe, B., Economic Impact

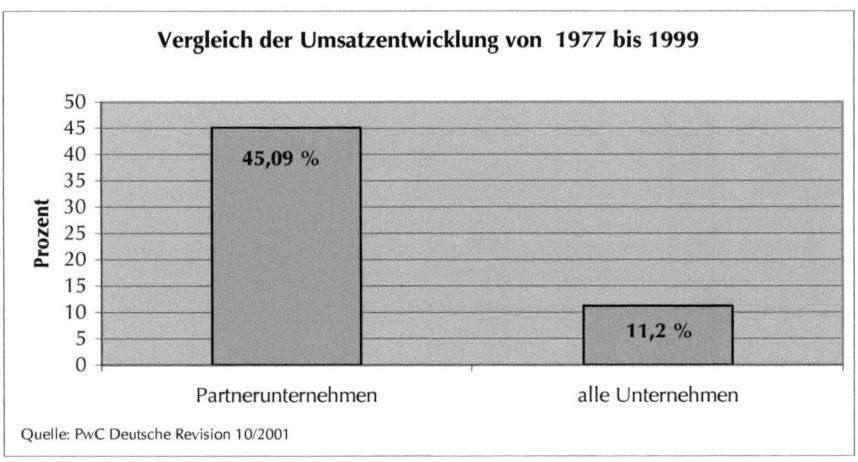

2. Auswirkungen auf die Arbeitsplatzsituation

Durch Unternehmensneugründungen mit ausreichender Kapitalausstattung werden in der Regel neue Arbeitsplätze geschaffen. Da Beteiligungskapital zudem im Allgemeinen in zukunftsträchtige Branchen mit hohen Ertragschancen investiert wird, sind dort auch qualitativ hochwertige Arbeitsplätze gefordert, die an neue Technologien angepasst sind. Venture Capitalisten, wie Alfred Wieder, sprechen in diesem Zusammenhang davon, dass „Venture Capital Beteiligungen eine regelrechte „Jobmaschine" für Deutschland" darstellen können.

Für den Standort Deutschland bedeutet dies, dass bei zunehmender Investition von Eigenkapital in innovative Unternehmen für hoch ausgebildete Arbeitskräfte („High Potenzials") hervorragende Berufs-Perspektiven geboten werden. Die Möglichkeiten, sich nach einer qualifizierten Berufsausbildung mit Lehre oder Studium, in einem innovativen volkswirtschaftlichen Umfeld entweder selbständig zu machen oder einen attraktiven Arbeitsplatz zu bekommen, sichert nicht zuletzt auch der gesamten Volkswirtschaft die Zukunft. Als Grundlage dafür muss ruhendes privates Kapital wieder in einer Volkswirtschaft in den Produktionskreislauf investiert werden, um damit neuen Mehrwert schaffen zu können.

Aus nachfolgender Grafik des BVK lässt sich sehr deutlich entnehmen, dass Venture Capital/Private Equity Fonds in der Tat eine hohe Zahl an Arbeitsplätzen in den von ihnen finanzierten Portfoliogesellschaften schaffen.

Private Equity finanzierte Unternehmen tragen maßgeblich zur Wirtschaftskraft und Beschäftigung bei

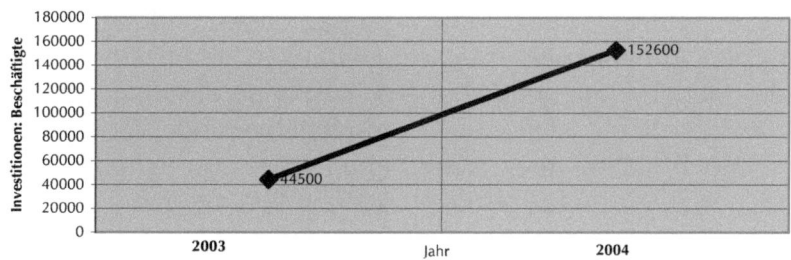

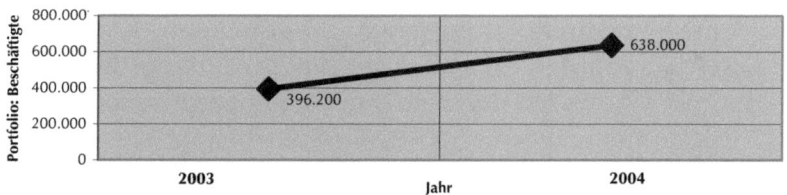

Quelle: BVK Pressefrühstück, 10.05.05 „Die Entwicklung des Beteiligungsmarktes im I. Quartal 2005"

Diese Angaben wurden für das Jahr 2003 von 116 Gesellschaften, für das Jahr 2004 von 132 Gesellschaften gemacht.

3. Auswirkungen auf die Wirtschaftsstruktur

Die Finanzierung von Forschungs- und Entwicklungsvorhaben wie auch Markteinführungen sind Schwerpunkte von Venture Capital Gesellschaften. Insoweit findet durch die Investition von privatem Eigenkapital eine permanente Technologieförderung statt. Mit Beteiligungskapital geförderte Unternehmen investieren doppelt so viel Geld pro Mitarbeiter in Forschung und Entwicklung wie ältere Unternehmen. Da neue Entwicklungen und Forschungen i.d.R. mit höheren Risiken verbunden sind, gestaltet sich für die jungen Unternehmen die Kapitalbeschaffung über die klassischen Kanäle meist schwierig. Banken verlangen entsprechende Sicherheiten und höhere Kapitalbereitstellungskosten, wenn Risiken hoch oder schwer einschätzbar sind. Start-ups verfügen jedoch selten über Sicherheiten oder ausreichend Eigenkapital, um an günstige Fremdkapitalfinanzierungen zu kommen.

Die unternehmerische Eigenkapitalausstattung ist damit zum Engpassfaktor für Entwicklungen vor allem in innovativen Wirtschaftsbereichen geworden. Die Eigenkapital-Quote der deutschen kleinen und mittelständischen Unternehmen (KMU) ist in den letzten Jahrzehnten erheblich gesunken. Anfang der 1960er Jahre lag die Eigenkapital-Quote bei Aktiengesellschaften aller Wirtschaftsgruppen noch bei 35% – heute beträgt sie nur noch knapp 20%, in einzelnen Branchen sogar unter 10%.[76]

Untersuchungen belegen, dass die Eigenkapitalquote jedoch eine wichtige Voraussetzung für eine positive Unternehmensentwicklung ist.[77]

---

[76] Vgl. Jesch, Th. A., Private Equity Beteiligungen, S. 58
[77] Vgl. PricewaterhouseCoopers, PWC Deutsche Revision AG, Wachstumsmarkt

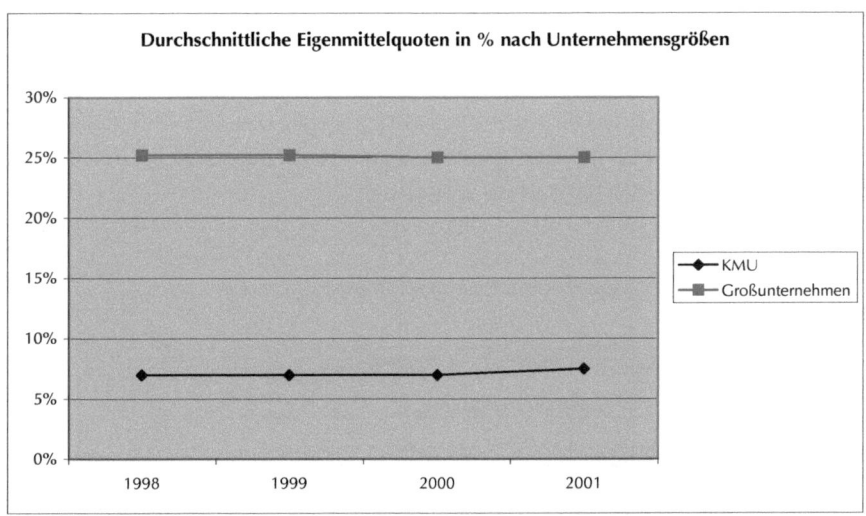

Quelle: Monatsbericht der Deutschen Bundesbank Oktober 2003

Auf die Frage, wie Unternehmen den Einfluss des Faktors „Beteiligungskapital" auf die generelle Entwicklung ihres Unternehmens sehen, gaben 75% an, dass sie sich ohne Venture Capital Finanzierung langsamer entwickelt hätten. Die überwiegende Zahl der Unternehmen aus dieser Studie bewertet Beteiligungskapital als positiv für die Entwicklung des Investitionsvolumens, der Ausgaben für Forschung und Entwicklung, der Beschäftigungszahl und des Umsatzes.[78]

Mit Investitionen von Venture Capital kann dem zu Folge eine „Verjüngung" der unternehmerischen Wirtschaftstruktur insgesamt erreicht werden. Bei einem generellen wirtschaftlichen Strukturwandel, mitgestaltet durch internationalen Wettbewerb, müssen innerhalb einer Volkswirtschaft Erneuerungen in Produktions- und Dienstleistungsgegenständen erfolgen, um erreichten Wohlstand auch in Zukunft erhalten zu können.

---

[78] Vgl. PricewaterhouseCoopers, PWC Deutsche Revision AG, Wachstumsmarkt

4. Auswirkungen auf mittelständische Unternehmen

Der deutsche Mittelstand beschäftigt mehr als 70% aller Arbeitnehmer und stellt 80% aller Ausbildungsplätze zur Verfügung. Er trägt damit die Hälfte der Bruttowertschöpfung und ist Motor für Innovation und Wirtschaftswachstum.

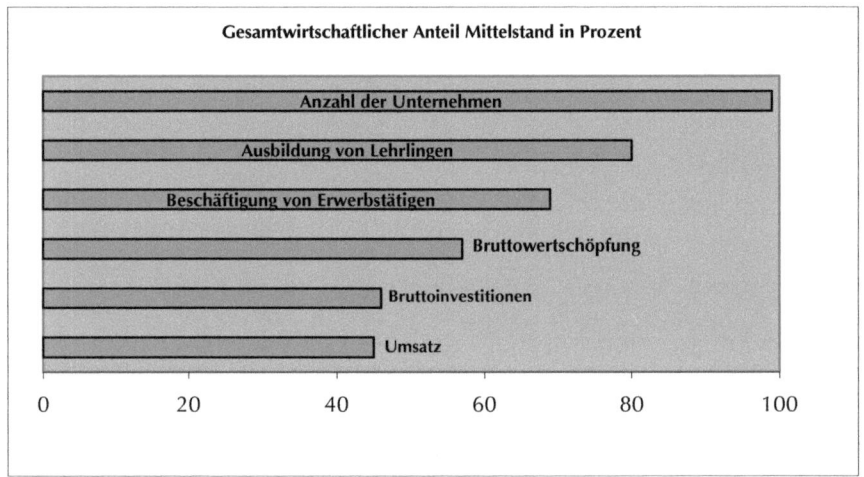

⇨ **Arbeitsplätze**: Rund zwei Drittel aller Erwerbstätigen in Deutschland sind in mittelständischen Unternehmen beschäftigt. Der Mittelstand stellt darüber hinaus etwa 80% aller Ausbildungsplätze.

⇨ **Wertschöpfung**: Mehr als die Hälfte des gesamten deutschen Bruttosozialprodukts wird von mittelständischen Unternehmen erwirtschaftet.

⇨ **Steuereinnahmen**: Der Mittelstand kommt für einen erheblichen Teil der öffentlichen Finanzen auf.

⇨ **Investitionen**: Rund 45% aller Bruttoinvestitionen in Deutschland werden vom Mittelstand vorgenommen.[79]

---

[79] Vgl. MittelstandPlus 2002-2005

Ende 2003 waren deutsche private Venture Capital Gesellschaften mit insgesamt 18 Milliarden Euro an rund 5.000 kleinen und mittleren Unternehmen beteiligt. Im Jahr 2004 hatten drei Viertel der mit Venture Capital finanzierten Unternehmen weniger als 100 Beschäftigte und einen Umsatz von weniger als 10 Mio. €. Dennoch erwirtschafteten diese Unternehmen mit 400.000 Beschäftigten Jahresumsätze in Höhe von 95 Milliarden € – deutlich mehr als die hoch subventionierten Branchen Kohlebau, Landwirtschaft und Schiffbau.[80] Betrachtet man den Zeitraum zwischen 1986 und 2003 ergibt sich ein Investitionsvolumen von rund 25 Milliarden Euro. Damit wurden über 15.000 kleine und mittlere Unternehmen finanziert.

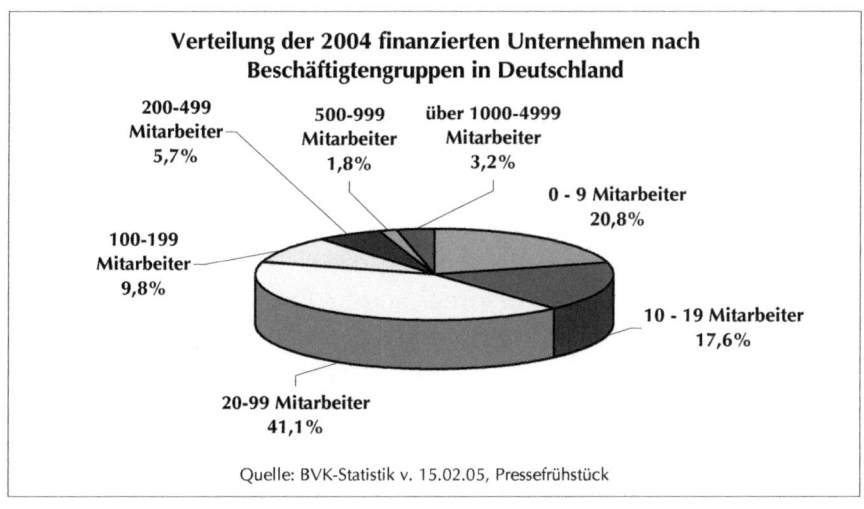

---

[80] Vgl. BVK, Hintergrundinformation Nr. 2

Private Equity bzw. Venture Capital hat vor allem für junge Unternehmen eine ganz wesentliche Bedeutung bei der Unternehmensfinanzierung. In der Frühphase, insbesondere bei Hochtechnologie-Unternehmen, wird Kapital in der Regel für Marktzulassung oder Markteinführung von Produkten, patentrechtliche Absicherungen von Erfindungen und/oder Aufbau des Vertriebs benötigt. Die Rückgewinnungshöhe und -geschwindigkeit des eingesetzten Kapitals ist jedoch, vor allem bei bisher am Markt unbekannten Produkten oder Dienstleistungen, schwer abschätzbar. Dieser Umstand erschwert – wie oben bereits erwähnt – die Fremdfinanzierungspotenziale. Die ohnehin eingeschränkten Möglichkeiten zur Fremdkapitalgewinnung haben sich durch Reglementierungen im Bankensektor, z.B. Basel II, noch verschärft. Banken müssen bei Kreditvergabe an Kunden mit geringer Bonität und mit hohem Verlustrisiko mehr Eigenkapital zur Absicherung des Kreditrisikos vorhalten als bisher. Die Kreditkonditionen für Kunden mit schlechter Bonität werden daher an das für die Bank verbundene Risiko angepasst. Zudem verschlechtert sich das Rating des Kreditinstitutes selbst, wenn das Kreditportfolio viele Darlehen an Kunden mit schlechten Ratings enthält, was letztendlich auch die Refinanzierungskosten der Bank erhöht.

Die Investition eines Private Equity bzw. Venture Capital Gebers ist somit nicht selten Voraussetzung dafür, dass ein junges Unternehmen mit einer viel versprechenden Entwicklung oder einem interessanten Produkt überhaupt die Gründungsphase überlebt bzw. den Markteintritt seines Produktes erreicht. Auf der anderen Seite hat der Venture Capital Investor die Möglichkeit, eine überproportional hohe Rendite aus dem eingesetzten Kapital zu erzielen. Diese Gewinnchance beruht insbesondere auf Wertsteigerungspotenzialen eines jungen Unternehmens, die sich ergeben, wenn das Unternehmen eine Produktentwicklung erfolgreich abschließen kann, die Marktzulassung oder Marktreife eines Produktes erreicht. Häufig treten solche Erfolge erstmalig in erheblichem Umfang bei Lizenzzahlungen oder Verkäufen aus den Produkten auf. Der Venture Capital Geber kann die Wertsteigerung seiner Beteiligung realisieren, indem er den Unternehmensanteil an einen industriellen oder strategischen Investor weiterveräußert (sog. „Trade Sale") oder an einen anderen Venture Capital- oder Finanzinvestor weiterverkauft (sog. "Secondary Purchase"). Die dritte Möglichkeit, die in der Vergangenheit häufig die höchsten Renditen versprach, besteht in einem Börsengang (IPO)[81] des Beteiligungsunternehmen. Damit wird für den Venture Capital Investor ein idealer Zugang zum Kapitalmarkt für seine Unternehmensbeteiligung geschaffen. Neben der Realisierung einer Wertsteigerung durch den erfolgreichen Ausstieg aus dem Unternehmen, bleibt die Möglichkeit eine Kapitalrendite durch laufende Gewinnausschüttungen des Venture Capital Nehmers zu erzielen.

Der Börsengang ist jedoch zum gegenwärtigen Zeitpunkt für mittelständische Unternehmen mit Hindernissen verbunden. Nach einer BVK-Studie „IPO-Markt 2005" votiert die Hälfte der befragten Fondsgesellschaften (57 von 106 teilnehmenden Gesellschaften) für ein neues Börsen-Segment speziell für KMU, da die derzeitigen Börsenstrukturen für IPO's von KMU unzureichend seien. Die Gründe dafür, dass immer weniger Fondsunternehmen den IPO ihrer KMU-Beteiligungen erreichen, liegen u.a. in der (noch) anhaltenden Börsenbaisse, fehlenden Investoren für eine erfolgreiche Platzierung und eben eine nachteilige Börsensegmentierung. Die Anforderungen für eine Börsennotierung sind in Deutschland – im Gegensatz zu USA – besonders hoch und werden den Anforderungen der KMU nicht gerecht. Komplizierte Zulassungsregeln, Folgekosten, Notierungskosten u.v.m. bremsen insbesondere Mittelständler. Das verdeutlichen auch die wenigen Börsengänge von KMU's in den letzten Jahren.

---

[81] Anm.: IPO (Initial Public Offering): Börsengang bzw. Erstemission von Anteilen junger und mittelständischer Unternehmen (siehe auch Glossar)

Börsengänge von KMU in Deutschland seit 2002

Jahr	Unternehmen	Branche
2002	SOLAR-FABRIK AG	Solarenergie
	AIG International Real Estate KgaA	Immobilien
	VCH Best-of-VC GmbH & Co. KgaA	Finanzdienstleistung
	UNIPROF Real Estate Holding AG	Immobilien
	REpower Systems AG	Windenergie/ Maschinenbau
2003	Keine	
2004	MIFA Mitteldeutsche Fahrradwerke AG	Konsumgüter
	WINCOR NIXDORF AG	Gerätebau
	Deutsche Postbank AG	Finanzdienstleistung
	Epigenomics AG	Biotechnologie
	InTiCom Systems AG	Technologie
2005	PAION AG	Biotechnologie
	Premiere AG	Fernsehen
	Conergy AG	Solarenergie
	MTU Aero Engines Holding AG	Maschinenbau

Quelle: Deutsche Börse AG; Es wurden ausschließlich Neuemissionen jedoch keine Notierungsaufnahmen berücksichtigt.

Einzelne regionale Initiativen von Börsenplätzen verfolgen bereits das Ziel, speziell für mittelständische Unternehmen einen besonderen segmentübergreifenden und börsenregulierten Markt zu bieten, z.B. an der Börse München. Es sollen Aktien aus dem Mittelstand mit speziellen Handelsplattformen angelockt werden: Die Börse München hat hierfür das neue „M:access" und die Börse Stuttgart das Segment „Gate-M" eingerichtet.[82]

Zulassungsvoraussetzungen und Folgepflichten werden ganz speziell auf die Anforderungen und Möglichkeiten junger Unternehmen und KMU angepasst. Diese Initiativen allein werden jedoch nicht ausreichen, um alle Zugangshemmnisse zu überwin-

---

[82] Vgl. http://www.handelsblatt.com

den. 43 der befragten Fondsgesellschaften plädierten in der o.a. BVK-Studie sogar für eine europäische Lösung.

Der Börsenrat der Deutschen Börse hat am 3. Januar 2005 einen neuen Börsen-Index eingeführt: den GEX (German Entrepreneurial Index), der die Performance von gründer- oder eigentümergeführten Unternehmen in der BRD abbildet. Der GEX umfasste per August 2005 117 börsennotierte Familiencompanys aus Deutschland.[83]

Wesentliche Zugangskriterien: GEX-Unternehmen müssen eigentümerdominiert sein. Das heißt: Vorstände, Aufsichtsratsmitglieder oder deren Familien besitzen zwischen 25% und 75% der Stimmrechte. Der Börsengang dieser Unternehmen – auch wenn es sich um etablierte Firmen handelt – liegt nicht länger als zehn Jahre zurück. Im GEX werden deutsche Unternehmen geführt, die im Prime Standard der FWB Frankfurter Wertpapierbörse gelistet sind.[84]

---

[83] Vgl. http:// www.geldanlagebrief.de
[84] Vgl. http://deutsche-boerse.com

Kapitel 6:
Auswahl- und Beurteilungskriterien für Erfolg versprechende Private Equity/Venture Capital Investitionen

Das Geschäftsmodell von Private Equity und Venture Capital Fonds ist stark phasenorientiert. Die Geschäftstätigkeit von Private Equity oder Venture Capital Gesellschaften teilt sich in zwei Hauptgeschäftsfelder auf, die, häufig auf verschiedenen Gesellschaftsteile verteilt, dennoch parallel betreut werden müssen: Zum einen werden mit dem so genannten „Fundraising" Kapitalgeber angeworben und betreut und zum anderen werden Erfolg versprechende Zielunternehmen gesucht, ausgewählt und gebunden. Beide Geschäftsprozesse sollen im Folgenden in komprimierter Form dargestellt werden.

1. Fundraising und Venture Capital – Kommunikation durch Verkaufsprospekte

Das **Fundraising**,[85] d.h. die Kapitalakquisition bei Eigenkapitalinvestoren, wird von vielen Fondsgesellschaften als die schwierigste Phase im Rahmen ihrer Geschäftstätigkeit bezeichnet. Institutionelle Kapitalgeber verfügen zumeist über ein etabliertes Fundraising-Netzwerk, das ihnen den Zugang zu privaten Investoren eröffnet. Private Beteiligungsgesellschaften setzen hierfür Agenten mit Kontakt zu privaten Kapitalanlegern ein oder nutzen den Zugang zu Publikumsmedien.

Da – wie eingangs bereits erwähnt – der Markt für Private Equity bzw. Venture Capital verhältnismäßig offen zugänglich ist, haben seriöse Beteiligungsanbieter immer wieder unter Imageschädigungen durch unseriöse Finanzakteure zu leiden. Erschwerend kommt hinzu, dass für private Kapitalanleger die Güte einer In-

---
[85] Nathusius, K., Fund Raising, S. 108

vestition im Voraus schwer abschätzbar ist, da der Investitionszeitraum sich über mehrere Jahre erstreckt. Eine Kapitalinvestition ist daher aus Sicht eines privaten Anlegers immer eine Vertrauensfrage.

Diesem Vertrauensschutz wurde durch das im Oktober 2004 in Kraft getretene **Gesetz zur Verbesserung des Anlegerschutzes** (Anlegerschutzverbesserungsgesetz) Rechnung getragen. Darin wird u.a. festgelegt, dass geschlossene Fonds nur noch vertrieben werden dürfen, wenn zuvor ein von der Bundesanstalt für Finanzdienstleistungsaufsicht (BaFin) genehmigter Prospekt veröffentlicht wurde. Erstmals werden damit geschlossene Fonds einer staatlichen Aufsicht unterzogen, so z.B. Immobilien-, Schiffs-, Film-, Venture Capital- und Windkraftfonds oder Produkte, die in Gebrauchtpolicen investieren. Für eine Genehmigung müssen die jeweiligen Prospekte den Vorgaben der „**Verordnung über Vermögensanlagen-Verkaufsprospekte**" (VermVerkProspV)[86] entsprechen. In der VermVerkProspV wird gefordert, dass im jeweiligen Prospekt folgende Angaben enthalten sind:

- Angaben über Personen oder Gesellschaften, die für den Inhalt des Verkaufsprospekt die Verantwortung übernehmen,
- Angaben über Vermögensanlagen, z.B. Art und Anzahl der angebotenen Anlagen, Einzelheiten der Zahlung, Gesamthöhe der Provisionen etc.,
- Angaben über den Emittenten,
- Angaben über das Kapital des Emittenten,
- Angaben über Gründungsgesellschafter des Emittenten,
- Angaben über die Geschäftstätigkeit des Emittenten,
- Angaben über Anlageziele und Anlagepolitik der Vermögensanlagen,

---

[86] Verordnung über Vermögensanlagen-Verkaufsprospekte vom 16.12.2004

- Angaben über die Vermögens-, Finanz- und Ertragslage des Emittenten,
- Angaben über die Prüfung des Jahresabschlusses des Emittenten,
- Angaben über Mitglieder der Geschäftsführung oder des Vorstands, Aufsichtsgremien und Beiräte des Emittenten, den Treuhänder und sonstige Personen,
- Angaben über den jüngsten Geschäftsgang und über die Geschäftsaussichten des Emittenten.

Zum 1. Juli 2005 wurden die ersten vom BaFin geprüften Prospekte genehmigt. Zu diesem Zeitpunkt haben dem BaFin, gemäß einer Pressemeldung der „Welt" vom 05.07.05, 190 Verkaufsprospekte vorgelegen, wovon nur 31 die Prüfung bestanden haben. Zu den erfolgreichen Prospektemittenten gehörten beispielsweise Rothmann & Cie., HSC, MIG AG, Dr. Peters und Lloyd. Nur Fondsgesellschaften mit genehmigten Prospekten dürfen den Fondsvertrieb der angebotenen Produkte fortsetzen.

Zusätzlich zur formalen Prospektprüfung durch das BaFin, das eine rein formale Richtigkeit der Angaben prüft, lassen die meisten Fondsgesellschaften auf eigene Veranlassung eine inhaltliche Prüfung nach dem IDW ES 4 n.F.-Standard[87] durch unabhängige Wirtschaftsprüfer durchführen. Das IDW (Institut der Wirtschaftsprüfer e.V.) hat einen Prospektinhaltskatalog entwickelt, der alle Angaben der Verordnung umfasst sowie um Erläuterungen, wirtschaftliche, rechtliche und steuerrechtliche Ausführungen erweitert, die dem Anleger das Anlageangebot verdeutlichen.

---

[87] Anm.: Bei dem IDW ES 4 n.F.-Standard handelt es um einen Vorschlag des Instituts der Wirtschaftsprüfer zu einem Prospektinhaltskatalog. Der Standard liefert Grundsätze zur ordnungsgemäßen Beurteilung von Verkaufsprospekten über öffentliche angebotene Vermögensanlagen.

2. Grundlagen zur Auswahl von Portfolio-Unternehmen

Da Private Equity bzw. Venture Capital Fonds ihre Renditen überwiegend durch die gewinnbringende Veräußerung ihrer Portfoliogesellschaften erzielen, gilt es näher zu betrachten, wie Fondsgesellschaften Portfolio-Unternehmen auswählen.

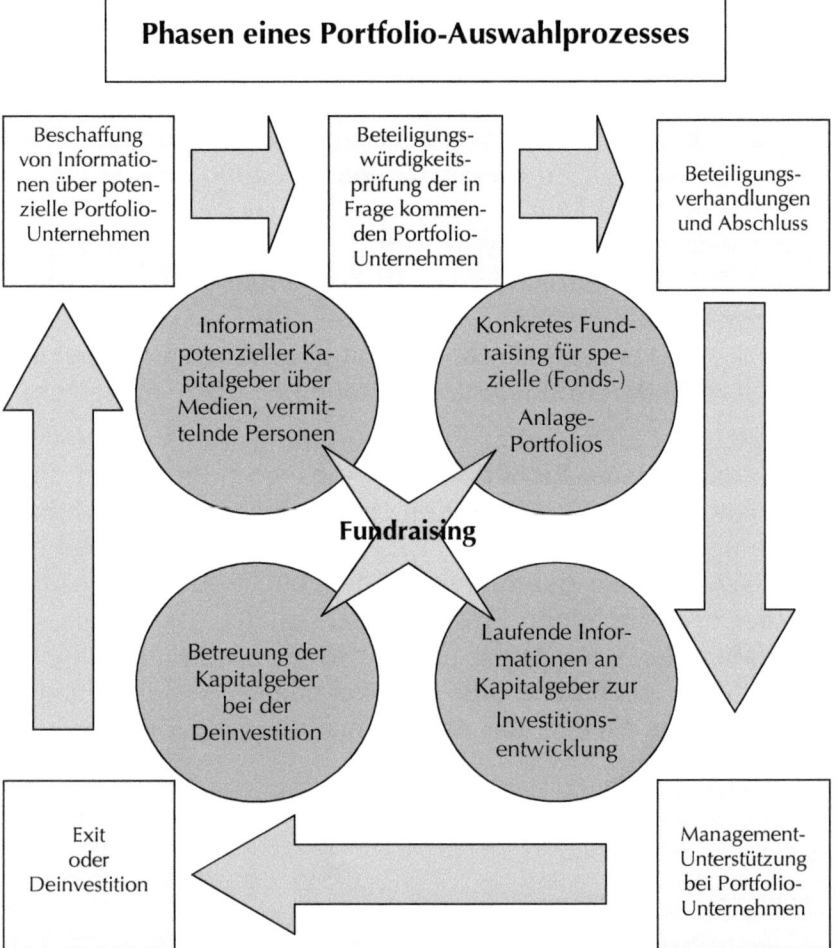

Quelle: Eckstaller, C., Venture Capital, 2005

Überblick über einen Auswahl- und Kooperationsprozess zwischen Venture Capital Geber und Nehmer:[88]

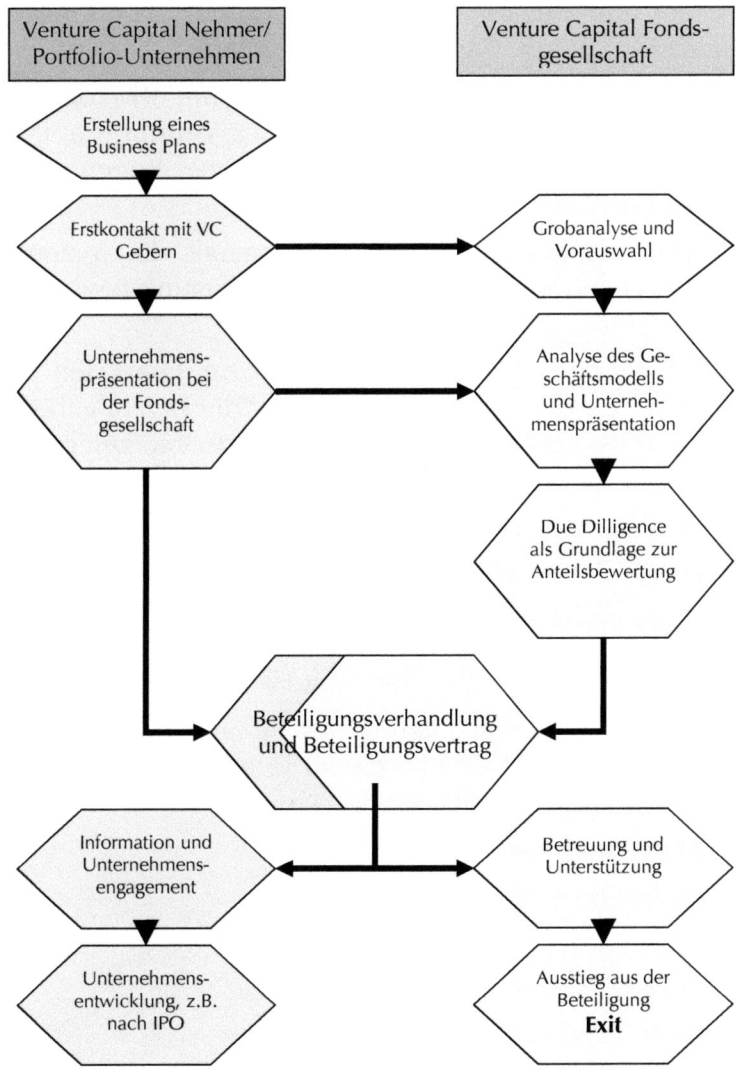

---

[88] Schematische Darstellung nach Hackl, E.; Jandl, H., Beteiligungsfinanzierung, S. 200; ebenso Hallweger, M., Venture Capital Fondsmanagement.

Auswahl- und Kooperationsprozess:

1. Erstellung eines Business Plans durch die Unternehmensgründer und Eingabe der Pläne bei potenziellen Risikokapitalgebern (Venture Capital Gesellschaften).
2. Erstkontakt der Unternehmensgründer mit Risikokapitalgebern, ggf. auch gezielte Auswahl eines Venture Capital Gebers unter dem Gesichtspunkt optimaler Betreuungsmöglichkeiten.
3. Grobanalyse des Unternehmenspotenzials durch den Venture Capital Geber anhand des zur Verfügung gestellten Business Plans.
4. Ermittlung des Unternehmenswertes zur konkreten Festlegung von einzelnen Anteilswerten für die Kapitalgeber. Ggf. bereits erste Vertragsverhandlungen und Unterzeichnung eines „Letter of intent" bzw. eines „Term Sheets".
5. Feinanalyse des Unternehmens durch den Venture Capital Geber mit Hilfe einer Due Dilligence und Verhandlung zu den konkreten Vertragskonditionen.
6. Vertragsabschluss nach Genehmigung durch die entscheidungsberechtigte Instanz des Venture Capital Gebers.
7. Betreuung und Unterstützung des Venture Capital Nehmers durch den Venture Capital Geber je nach Vertragsvereinbarung (Managementfunktion).
8. „Exit" des Venture Capital Gebers.

Die Kunst im Venture Capital Fondsmanagement – Die Auswahl eines richtigen Zielunternehmens[89]

Die besondere Chance für den Anleger eines Venture Capital Fonds, die diese Kapitalanlageform von den meisten anderen Fondskonstruktionen abhebt, liegt in den erheblichen Gewinnchancen. Hohe Renditen für die Anleger sind die Folge. Das wichtigste Kriterium hierbei ist nach wie vor die richtige Auswahl geeigneter Zielunternehmen, deren aktive Betreuung mit der klaren Zielrichtung einer erheblichen Wertsteigerung und dem erfolgreichen Exit. Auf diese wesentlichen Kriterien reduziert mag die Auswahl des geeigneten Zielunternehmens einfach erscheinen. Im jeweiligen Einzelfall zeigt sich die volle Komplexität dieses Auswahlprozesses ebenso wie der aktiven Betreuung bis hin zu einem gelungenen und auch für den Anleger erfolgreichen Verkauf der Beteiligung.

Phase 1 – Vorauswahl

Eine Vielzahl von Geschäftsideen oder bereits tätigen Unternehmen werden an erfolgreiche Venture Capital Fonds wie z.B. die MIG-Fonds herangetragen. Jungunternehmer ebenso wie deren Berater reichen Kurzbeschreibungen ihres Unternehmens oder Businesspläne beim Fondsmanagement ein. Ungeachtet der Qualität der ersten Kontaktaufnahme – von kurzen E-Mails bis zu vollständigen Businessplänen – werden bei der MIG AG alle Anfragen in eine Datenbank eingestellt und einer internen Vorprüfung unterzogen. In dieser internen Vorprüfung scheidet eine Unternehmensidee bereits aus, wenn sie kein Wachstumspotenzial in einer interessanten Markt- und Wettbewerbsposition aufweist oder kein innovatives Produkt hervorzubringen geeignet scheint. Ein Produkt eines Beteiligungsunternehmens kann noch so hervorragende Qualität aufweisen – wenn der hierfür zur Verfügung stehende Markt z.B. aufgrund eines Technologiewandels nur kur-

---

[89] Anm.: Das folgende Unterkapitel wurde von Matthias Hallweger, Rechtsanwalt und Aufsichtsratsvorsitzender der MIG Verwaltungs-AG, verfasst (Hallweger, M., Venture Capital Fondsmanagement).

ze Zeit zur Verfügung steht, kann eine für einen Venture Capital Fonds zwingend erforderliche nachhaltige Wertsteigerung nicht als wahrscheinlich dargestellt werden. Selbst ein hervorragendes Produkt in einem interessanten Markt wird jedoch dann für einen Venture Capital Fonds nicht von großem Interesse sein, wenn es lediglich ein sogenanntes „me too"-Produkt darstellt: Ein weiteres Produkt, das sich neben und nicht über die anderen Marktteilnehmer positioniert und damit nicht das Potenzial hat, eine klare Marktführerschaft zu erringen.

In dieser Phase der Vorauswahl scheiden bereits die meisten Unternehmen aus und gelangen nicht zur nächsten Stufe.

Phase 2 – Analyse des Geschäftsmodells

Mit den verbliebenen Unternehmen wird in eine nähere Prüfungsphase eingetreten. Hierzu müssen diese einen vollständigen und umfassenden Businessplan einreichen. Aus diesem muss das Unternehmenskonzept als klar und tragfähig abgebildet sein. Es muss plausible, klare und soweit möglich auch nachprüfbare Angaben zur qualitativen Unternehmensplanung ebenso wie zur quantitativen Unternehmensplanung enthalten.

Auf Grundlage des Businessplans wird innerhalb der MIG AG eingehend geprüft, welches Unternehmen zu einer näheren Präsentation vor dem Fondsmanagement eingeladen wird. An dieser Präsentation nimmt das Fondsmanagement in Form der Vorstände der MIG AG sowie des Aufsichtsratsvorsitzenden der MIG AG ebenso teil wie zumeist ein externer Berater, der im jeweiligen Geschäftsbereich des potentiellen Beteiligungsunternehmens eigene Erfahrung aufweist. Im Rahmen dieser Unternehmenspräsentation muss die Geschäftsführung des potentiellen Beteiligungsunternehmens nicht nur den Unternehmensgegenstand sowie das Alleinstellungsmerkmal plausibel herausarbeiten, sondern dem Fondsmanagement überzeugend darlegen, warum der Fonds gerade in dieses Unternehmen investieren soll. Hervorragende Zukunftsaussichten in einem wachsenden Markt mit einem erheblichen Alleinstellungspotenzial und der Möglichkeit einer massiven Wertsteigerung müssen in der Präsentation plausibel begründet werden können. Dieser Präsentation des Unternehmens ist nicht lediglich eine qualitative, sondern insbesondere auch eine quantitative – die aktuellen sowie die Planzahlen des potentiellen Beteiligungsunternehmens werden eingehend mit den Vortragenden diskutiert und hinterfragt.

Nach dieser persönlichen Präsentation und eingehenden Diskussion mit dem Management des potentiellen Beteiligungsunternehmens kann das Fondsmanagement der MIG AG intern eine Entscheidung fällen, welches Unternehmen in die nächste Phase eintreten darf.

Phase 3 – Due Dilligence

Bevor die Fondsgesellschaft zu einer endgültigen Investitionsentscheidung kommen kann, muss das Beteiligungsunternehmen einer sorgfältigen und umfassenden Prüfung unterzogen werden. Diese Prüfung (Due Dilligence) unterteilt sich in eine technische (Technical Due Dilligence), wirtschaftliche (Business and Financial Due Dilligence) sowie rechtliche Prüfung (Legal Due Dilligence). Auch hier werden regelmäßig geeignete und kompetente Gutachter hinzugezogen, die Stellungnahmen zu Technologie und Marktsituation des Beteiligungsunternehmens erstellen. Im Rahmen der rechtlichen Due Dilligence werden alle Rechtsverhältnisse des Beteiligungsunternehmens, vor allem dessen eigene rechtliche Struktur, dessen Vertragsverhältnisse, gewerbliche Schutzrechte und behördliche Genehmigungen, durch Rechtsanwälte und erforderlichenfalls Patentanwälte der Fondsgesellschaft überprüft.

Phase 4 – Bewertung

Die Erkenntnisse der Due Dilligence werden zusammen mit dem Management des Unternehmens ausgewertet, besprochen und mit den ursprünglichen Angaben verglichen. Sie führen zu einer – gegebenenfalls von den ursprünglichen Vorstellungen des Managements oder den Altgesellschaftern des Beteiligungsunternehmens abweichenden – Unternehmensbewertung. Diese Unternehmensbewertung dient der Fondsgesellschaft als Grundlage für die Preisfindung, also die Festsetzung, wie viele Anteile die Gesellschaft für welche Zahlung in das Eigenkapital des Beteiligungsunternehmens erhält.

Phase 5 – Beteiligungsverhandlungen, Beteiligungsvertrag

Auf Auswahl, Vorprüfung und Bewertung folgen Vertragsverhandlungen und der Entwurf eines Beteiligungsvertrages. Die Fondsgesellschaft einerseits sowie das Management und die Altgesellschafter des Beteiligungsunternehmens andererseits vereinbaren verbindlich, wie, in welchen Schritten, unter welchen Voraussetzungen und zu welchen Konditionen die Beteiligung der Fondsgesellschaft rechtlich vollzogen wird, wann welche Zahlungen der Fondsgesellschaft erfolgen und welche sonstigen Regelungen zwischen den Altgesellschaftern und der Fondsgesellschaft gelten sollen (etwa hinsichtlich Veräußerungsbeschränkungen, Mitveräußerungsrechten und -pflichten, Entsenderechten für Gesellschaftsorgane, etc.). Diese Phase 5 wird erfolgreich beendet mit Abschluss eines Beteiligungsvertrages und Erwerb der Anteile am Zielunternehmen.

Phase 6 – hands on und exit

Die Fondsgesellschaft steht mit dem Beteiligungsunternehmen nach einer Investition in engem Kontakt, unterstützt es und kontrolliert laufend dessen Geschäftsentwicklung. Ziel hierbei ist es, durch eine nachhaltige und verlässliche Partnerschaft eine wesentliche Wertsteigerung des Beteiligungsunternehmens zu erreichen. In Abstimmung mit dem Management des Beteiligungsunternehmens wird die Weiterveräußerung (Exit) des Anteils am Beteiligungsunternehmens, auch im Rahmen einer Veräußerung des Gesamtunternehmens, in einem angemessenen Zeitraum angestrebt: Durch Verkauf des Anteils der Fondsgesellschaft oder des gesamten Beteiligungsunternehmens an industrielle oder strategische Investoren (Trade Sale), an einen anderen Finanzinvestor

(Secondary Sale) oder nach einem Börsengang (IPO) des Beteiligungsunternehmens.

Da die Auswahl eines geeigneten, Erfolg versprechenden Zielunternehmens **die** entscheidende Erfolgsgröße für die spätere Fondsrendite ist, wird – selbstredend – entsprechendes Augenmerk auf die Potenziale des Zielunternehmens gelegt. Zur Risikostreuung investieren viele Fondsgesellschaften daher – wie im Vorangegangenen bereits erörtert – in Unternehmen unterschiedlicher Lebensphasen und Marktsegmente. Dennoch muss eingeräumt werden, dass selbst bei fundiertester ökonomischer Analyse zur Auswahlentscheidung die Unwägbarkeiten späterer Umwelteinflüsse auf die Unternehmensentwicklung zu hoch sind, um Erfolgsgarantien auszusprechen. Ein hohes Maß an Erfahrung der Venture Capital Gesellschaft ist in jedem Fall unabdingbar, bietet aber letztlich keine 100%-ige Erfolgsgewähr.

Um Investoren Anhaltspunkte zu geben, ob Private Equity/Venture Capital Gesellschaften wie auch deren Fonds, jenseits der generellen Kapitalrisiken, solide aufgesetzt sind, werden von so genannten Rating-Agenturen systematische Bewertungen von Risikosituationen nach verschiedenen Kriterien durchgeführt.

3. Rating – Beurteilungskritierien für die Güte von Fondsanlagen

1) Ursprung des Rating

Das Rating hat seinen Ursprung in den USA und dort bereits eine über 100-jährige Tradition. Rating bedeutet so viel wie Bewerten und Abschätzen. Die Anfänge der heute als Standard & Poor's bekannten Ratingagentur gehen sogar bis auf das Jahr 1860 zurück.[90] Zwei weitere große Namen zählen zu den ersten internationalen Rating-Agenturen: „Moody's Investors Service" und „Fitch Ratings" (gegr. 1913 in New York). „Moody's Investors Service" wurde 1900 durch die Herausgabe von Wertpapierhand-

---

[90] Vgl. Riedel, Th.; Trost, R.; Loges, H.J., Rating-Szene

büchern bekannt. In Deutschland hat erst in den 1990er-Jahren das Rating von Unternehmen Einzug gehalten. Davor wurden hauptsächlich Großbanken über Ratings beurteilt.

Rating soll Transparenz in die Kapitalmärkte bringen und durch Bewertung der zu beurteilenden Gesellschaften den Anlegern bzw. Investoren einen Anhaltspunkt über deren Erfolgspotenzial geben.

Kapitalgeber bzw. Investoren stehen zum Zeitpunkt ihrer Anlageentscheidung vor dem Problem, eine Einschätzung über die Zukunftsfähigkeit einer Venture Capital Gesellschaft und der dahinter stehenden Beteiligungsunternehmen vornehmen zu müssen.[91] Diese Einschätzung erfordert neben einem beträchtlichen Zeitaufwand vor allem finanzielle Mittel sowie Sachkenntnis.[92] Ein Rating gibt dem potentiellen Investor u.a. Auskunft über die Zukunftsfähigkeit des Unternehmens, bei dem er sein Geld anlegen möchte. Für das beurteilte Unternehmen kann dies ein Vorteil sein – denn bei einem positiven Ratingergebnis ist das Unternehmen erheblich attraktiver als andere (nicht geratete) Unternehmen.

---

[91] Vgl. Riedel, Th.; Trost, R.; Loges, H.J., Rating-Szene
[92] Vgl. ebenda

2) Ratingarten

Die folgende Aufstellung zeigt eine Übersicht der unterschiedlichen Arten eines Ratings:

Solicited Rating	Ein Unternehmen gibt einen Auftrag an die Rating-Agentur zur Durchführung eines Ratings.
Unsolicited Rating	Bedeutet ein auftragsloses Rating. Ein solches Rating wird ohne Mitwirkung des Emittenten und nur auf Grundlage von öffentlich zugänglichen Unternehmensinformationen erstellt.
Externes Rating	Das Rating wird von einer unabhängigen Rating-Agentur durchgeführt.
Internes Rating	Z.B. die kreditgebende Bank führt eine eigene Bonitätsprüfung durch (bankinternes Rating).[93]
Emissionsrating (Issue Rating)	Das Rating wird nur für eine konkrete Emission erstellt, d.h. es bezieht sich auf einen genau definierten Finanztitel.
Emittentenrating (Issuer Rating)	Die Rating-Agentur beurteilt den Emittenten hinsichtlich der Fähigkeit, seinen Zahlungsverpflichtungen rechtzeitig und vollständig nachzukommen.
Dept Rating	Bezieht sich auf Fremdkapitalinstrumente und hat für Fremdkapitalgeber relevante Informationen aufbereitet.
Equity Rating	Bewertung von Eigenkapitaltiteln mit dem Ziel, eine fundierte Aussage über das Entwicklungspotenzial sowie über Ausmaß und Stabilität der Gewinne zu geben.

Quelle u.a.: Busse, S.-J., Finanzwirtschaft

Weitere Arten stellen Aktien-Ratings, Ratings von Investmentfonds oder Nachhaltigkeitsratings dar. Bei Nachhaltigkeitsratings wird insbesondere auf die Bereiche Ökologie, Soziales und Ökonomie eingegangen. Ein gutes Ergebnis eines Nachhaltigkeitsratings gilt als Indikator für eine zukunftsorientierte Unternehmensführung, deren wirtschaftlicher Erfolg nicht zu Lasten ökologischer und sozialer Interessen geht.[94]

---

[93] Stadler, W., Unternehmensfinanzierung
[94] Vgl. Riedel, Th.; Trost, R.; Loges, H.J., Rating-Szene

3) Fondsrating

Das **Fondsrating** bewertet, wie stark Fonds ihr eingesetztes Kapital in bisherigen Investments vervielfachen konnten bzw. den Grad der Zukunftsfähigkeit des Anlageportfolios.

Wesentliche Zielsetzung eines Fondsratings ist es, Fonds mit zufällig erzielter Wertentwicklung von solchen mit einem systematisch untermauertem Ansatz eindeutig zu trennen. Durch das Rating eines Fonds wird keine Aussage über dessen zukünftige Wertentwicklung getroffen, sondern ausschließlich eine Einschätzung des systematischen Bonitätsrisikos vorgenommen, um zu vermeiden, dass Anleger ihr Geld in Fonds investieren, die ein ungünstiges Bonitäts- bzw. Risikoprofil aufweisen.[95]

Eine wichtige Rolle bei der Beurteilung von Fonds spielen Faktoren wie Wertentwicklung (Performance), Anlageziele, Anlageklassen, Investitionskriterien, Fondsmanagement und Geschäftsprozesse (z.B. Anlageprozess).

Nicht nur Fonds, sondern auch Fondsgesellschaften werden Ratings unterzogen. Beim Rating einer Fondsgesellschaft werden Geschäftsmodell, Märkte, Produkte und Ressourcen, Finanzen, Management sowie Organisationsprozesse in die Beurteilung einbezogen.

Beispiel für das Rating einer Fondsgesellschaft und deren Vertriebsgesellschaft:

Die Alfred Wieder AG hat sich als eines der ersten deutschen Dienstleistungsunternehmen in der Finanzwirtschaft einem Rating unterzogen.[96] Die „Rating Service AG" testierte der Alfred Wieder AG ein BBB = Note „sehr gut" und „große Transparenz in den Abläufen, stabiles wirtschaftliches Konzept und ein erfahrenes Management".

---

[95] Vgl. Riedel, Th.; Trost, R.; Loges, H. J., Rating-Szene
[96] funds & finance report 2005

Die Bewertungskürzel der Rating Service AG sind folgend definiert:

Rating von Gesellschaften für geschlossene Fonds	Ag	BBBg	BBg	Bg	Cg
	herausragend	sehr gut	gut	akzeptabel	ungenügend
Rating von geschlossenen Fonds	Af	BBBf	BBf	Bf	Cf
	herausragend	sehr gut	gut	akzeptabel	ungenügend
Quelle: Rating-Service AG					

4) Ratingagenturen und Rating-Stufen

Der Markt wird weltweit zu 95 % von den Rating-Agenturen Standard & Poor's (S&P), Moody's und Fitch Ratings beherrscht, daher sind die Rating-Tabellen dieser Agenturen Grundlage vieler weiterer Rating-Einstufungen.

Die G.U.B.[97] ist Deutschlands älteste Rating-Agentur für geschlossene Fonds und wurde 1973 gegründet. Die G.U.B. unterscheidet vier Bewertungsstufen: +++ = sehr gut, ++ = gut, + = positiv, - = nicht platzierungsreif. Die Analysen werden ohne Auftrag (unsolicited Rating) durchgeführt. Hierbei wurden mit +++ im Jahr 2005 gerated: VIP Medienfonds 6, MIG Fonds 1, Office Towers II Toronto/Edmonton, DS-Fonds Nr. 107 USA, NORDCAPITAL Private Equity Fonds IV, VIP Medienfonds 5, MS „Cape Mondego", BVT Life Bond Fund III Tradition.

Die Scope Group gehört zu den führenden deutschen Ratingagenturen für das internationale Investmentgeschäft. Im Jahr 2004 hat die Scope Group über 1.650 Ratings vergeben, mehr als 4.000 Empfehlungen ausgesprochen und 700 Finanzinstitute mit einem Vermittlungsvolumen von über 4 Mrd. Euro bei der Selektion und Prüfung von Kapitalanlageprodukten betreut[98].

Für den deutschen Mittelstand ist die Euler Hermes Rating GmbH[99] eine bekannte Agentur. Sie ist eine Tochter der zum Al-

---

[97] Vgl. www.gub-analyse.de
[98] Vgl. www.scope.de
[99] Vgl. www.eulerhermes-rating.com

lianz-Konzern gehörenden Kreditversicherungsgruppe Euler Hermes S.A.[100] Die Euler Hermes Rating GmbH hat im Jahr 2004 mehr als 40 Unternehmen mit einem Umsatzvolumen zwischen 20 Mio. Euro und 2 Mrd. Euro beurteilt.[101]

Einstufungen in Rating Tabellen:

Moody's	S & P	Fitch Ratings	Bedeutung
Aaa	AAA	AAA	**Ausgezeichnet**: Außergewöhnlich gute Bonität, beste Qualität
Aa1　Aa2　Aa3	AA+　AA　AA-	AA+　AA　AA-	**Sehr gut**: Sehr gute Bonität und hohe Zahlungswahrscheinlichkeit
A1　A2　A3	A+　A　A-	A+　A　A-	**Gut**: Angemessene Deckung von Zinsen und Tilgung
Baa1　Baa2　Baa3	BBB+　BBB　BBB-	BBB+　BBB　BBB-	**Befriedigend**: Angemessene Deckung von Zinsen und Tilgung, jedoch mangelnder Schutz gegen wirtschaftliche Veränderungen
Ba1　Ba2　Ba3	BB+　BB　BB-	BB+　BB　BB-	**Ausreichend**: Erfüllung der Verpflichtungen wahrscheinlich, spekulative Anlage, fortwährende Unsicherheit, mäßige Deckung von Zinsen und Tilgung auch in gutem wirtschaftlichen Umfeld
B1　B2　B3	B+　B　B-	B+　B　B-	**Mangelhaft**: Sehr spekulativ, hoch riskante Veranlagung, geringe Bonität, hohes Zahlungsausfallrisiko
Caa1　Caa2　Caa3	CCC+　CCC　CCC-	CCC+　CCC　CCC-	**Ungenügend**: Niedrigste Qualität, geringster Anlegerschutz
Ca　C	CC　C	CC　C	**Zahlungsstörungen vor Zahlungsunfähigkeit**: Unmittelbar vor Zahlungsverzug oder Zahlungsunfähigkeit
D	SD	DD,DD,D	**Zahlungsunfähigkeit**: Insolvenz bzw. sonstige Marktverletzungen des Schuldners

---

[100] Vgl. www.faz.net
[101] Vgl. http://www.ehrg.de

4. Exkurs: Basel II-Abkommen

Das sog. Basel II-Abkommen reformiert bereits bestehende Regelungen des Kreditwesengesetzes und weiterer Bankvorschriften[102] zur Risikoabsicherung von Krediten.

Die wichtigsten Gesichtspunkte des Basel II-Abkommens sind:[103]

- eine Harmonisierung der Grundlagen der Bankenaufsicht,
- eine einheitliche Definition international geltender Eigenkapitalvorschriften für Banken,
- deren Umsetzung in geltendes nationales Recht in über 100 Ländern.

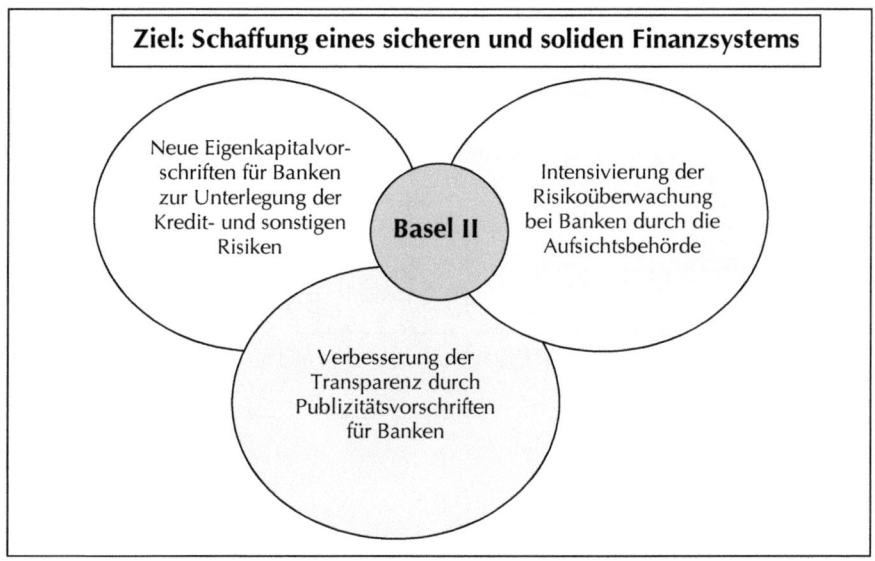

Quelle: Vgl. Busse, F.-J., Finanzwirtschaft, 2003

---

[102] Busse, F.-J., Finanzwirtschaft, 5. Auflage 2003
[103] ebenda

Banken müssen für die Vergabe von Krediten eine bestimmte Eigenkapitalunterlegungsquote (EK-Unterlegungsquote) abhängig von der Bonität des Kreditnehmers bereithalten (zwischen 20% und 150%). Je schlechter die Bonität des Kreditnehmers, desto höher muss die Eigenkapitalunterlegung der Bank sein. Hieraus folgt, dass für ein Unternehmen geringer Bonität, z.B. ein junges Unternehmen, Fremdkapitalaufnahme teurer wird als für ein etabliertes Unternehmen. Banken wenden zur Beurteilung der Kundenbonität verschiedene Bewertungsansätze (Kreditnehmerrating) an:[104]

- Standardansatz, der die Risikogewicht an ein externes Rating bindet.
- Basis-IRB-Ansatz (auf **i**nternes **R**ating **b**asierender Ansatz).
- Fortgeschrittener IRB-Ansatz.

Ausgewählte EK-Unterlegungsquoten auf der Basis von Rating[105]

Rating der Kreditnehmer	AAA bis AA-	A+ bis A-	BBB+ bis BBB-	BB+ bis BB-	B+ bis B-
EK-Unterlegungsquote	20%	50%	100%	120%	150%

---

[104] Stadler, W., Unternehmensfinanzierung
[105] Busse, F.-J., Finanzwirtschaft, S. 269.

Kapitel 7:
Chancen und Risiken bei Private Equity und Venture Capital Anlagen

1. Chancen von Private Equity und Venture Capital Anlagen

Zentrales Anliegen eines Kapitalgebers ist in der Regel, eine **möglichst hohe Verzinsung des eingesetzten Kapitals zu erreichen.**[106] Chancen auf eine hohe Verzinsung am Kapitalmarkt sind jedoch auch mit entsprechenden Verlust-Risiken verbunden. Grundsätzlich kann bei Kapitalanlagen festgestellt werden, dass höhere Risiken mit höheren Ertragschancen einhergehen. Dies gilt auch für Anlagen im Private Equity/Venture Capital Segment. Private Equity und Venture Capital Investitionen haben sich dabei in der Vergangenheit als sehr ertragreich erwiesen, wenn auch eingeräumt werden muss, dass der Erfolg stets eng mit dem visionären Sachverstand einer Private Equity/Venture Capital Gesellschaft korrespondiert. Jedem Anleger in diesem Kapitalmarktsegment sollte bewusst sein, dass es sich bei einer solchen Anlage um **Wagnis**kapital handelt, das sehr spekulativen Charakter hat. In Private Equity/Venture Capital Anlagen investiertes Kapital sollte somit beim Anleger grundsätzlich frei verfügbar sein.

---

[106] Anm.: Neben diesem zentralen Gesichtspunkt der „Kapitalverzinsung" spielen bei der Wahl einer für den jeweiligen Kapitalgeber interessanten Anlage verschiedenste Einflussfaktoren eine Rolle. So sind dies beispielsweise Höhe und zeitliche Verfügbarkeit des einsetzbaren Kapitals, Risikofreude bzw. Sicherheitsbedürfnis des Kapitalanlegers, erzielbare positive Nebeneffekte einer ins Auge gefassten Kapitalanlage (z.B. steuerliche Vorteile), Erreichung oder Unterstützung von Nebenzielen des Anlegers (z.B. Investitionen in bestimmten Branchen, Regionen oder unter ethischen Gesichtspunkten) u.v.m.

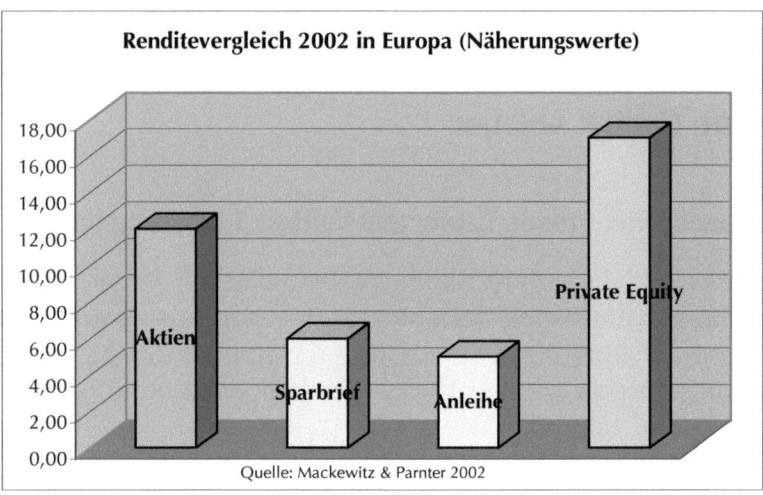

Ein Venture Capital Anleger ist mit seiner Investition direkt an unternehmerischen Entwicklungen beteiligt. Wenn diese Entwicklungen erfolgreich sind, verzinst sich die Investition des privaten Anlegers höher als bei Anlagen beispielsweise in klassischen Wertpapieren. Dies ist leicht einsehbar, da Banken ihren Anlegern Zinsen zahlen für die Überlassung der Finanzmittel, um diese Finanzmittel plus Gewinnzuschlag an Firmen auszuleihen, die unternehmerisch tätig sind.[107]

Im Januar 2005 gab Jürgen Schaaf im „Economics" der Deutschen Bank Research folgende Nachrichten an die interessierte Öffentlichkeit weiter:[108]

- „**Der Private Equity (PE) Markt in Europa wächst solide**. Das Segment für temporäre außerbörsliche Eigenkapitalbeteiligungen hat die New-Economy-Blase verarbeitet und **schwenkt auf seinen langfristigen Wachstumspfad** ein. Für 2005 erwarten wir Investitionen von € 32 Mrd."

---

[107] www.wagniskapitalfond.de
[108] Schaaf, J., Private Equity

- „**Auch der deutsche Private Equity Markt wächst insgesamt solide**,..."
- „**Deutschland zieht relativ viele ausländische Private Equity Häuser an**, die gewichtige Übernahmen finanzieren, stellt selbst aber so gut wie keine nationalen Akteure im Markt der großen Transaktionen...."
- **Grundsätzlich versprechen Investitionen in Private Equity hohe Renditen in der langen Frist**. ..."

Kapitalinvestitionen in Private Equity und Venture Capital gelten allgemein als höchst chancenreich, sofern sich die angestrebte Ausstiegsstrategie des/der Anleger in der erwünschten Form realisieren lässt. Dies gilt für Venture Capital Anlagen als Frühphasen-Investition ebenso wie für Private Equity Investitionen in späteren Unternehmenslebensphasen.

Ein Indiz für die Attraktivität dieser Kapitalanlageformen vor allem in Deutschland ist die Zunahme ausländischer Investoren auf diesem Kapitalmarkt-Segment. In seinen Ausführungen nennt Schaaf einige Gründe hierfür:[109]

- Die Märkte in den Private Equity „Stammländern" (USA, GB) sind stark umkämpft und ausgereizt. In Deutschland und Europa sind dagegen noch einige „Schätze zu heben. Deutsche Firmen mit ihren hochwertigen Produkten und qualifizierten Mitarbeitern können deutliche Wertsteigerungen durch das Know-how der Private Equity Manager erzielen", so Schaaf.

- Die großen deutschen Konzerne sind im Umbruch und trennen sich häufig von peripheren Geschäftsfeldern. Diese Felder können durch Private Equity Investitionen und Management Know-how wirtschaftlich attraktiver gestaltet werden.

---

[109] Vgl. hierzu Schaaf, a.a.O., S. 9

- Mittelständische, insbesondere mittelständische Familienunternehmen, können von Erweiterungen der Eigenkapitaldecke und Unterstützung durch Private Equity bzw. Venture Capital Spezialisten stark profitieren. Eintritte in neue Geschäftsfelder, Markterschließungen oder Sicherung des Unternehmensbestandes bei fehlendem Unternehmensnachfolger können durch solche Investitionen erfolgreich umgesetzt werden.

Bei Private Equity/Venture Capital Anlagen liegt das Ertragspotenzial in der unternehmerischen Tätigkeit des bzw. der Zielunternehmen. Je nach Investitionszeitpunkt und Exit-Strategie setzt Private Equity bzw. Venture Capital auf den Zuwachs der Eigenkapitalrendite bzw. des Unternehmenswertes durch das eingesetzte Kapital sowie die Management Betreuung der Beteiligungsgesellschaft.

Private Equity/Venture Capital setzt darauf, dass sich das Unternehmen von den Anfängen hin bis zum später erhofften „Exit" – beispielsweise einem Börsengang oder einem Verkauf an andere Investoren wie Großunternehmen – erfolgreich entwickelt. Dem stehen allerdings auch die nicht unerheblichen Risiken eines „Investors der ersten Stunde" gegenüber. Im Falle eines Exits bestimmt sich der Ertrag durch die Höhe des dann zu erzielenden Verkaufspreises einer Beteiligung. Bei positiver Entwicklung lassen sich mitunter Wertsteigerungen von mehreren Hundert Prozent realisieren.

Die nachfolgende Übersicht soll Zusammenhänge zwischen Renditeerwartungen und Unternehmenslebensphasen bei Private Equity/Venture Capital Investitionen verdeutlichen:

Investitionsphase	Unternehmensstand	Chancen/ Herausforderungen	Risiken/ Engpässe
Early-Stage Financing	Unternehmen vor und während der ersten „Lebensphase"	Hohe Ertragschancen, da zukünftige Unternehmenswerte meist unbekannt und Eigenkapitalbeteiligungen daher „günstig" erwerbbar sind.	Hohe Verlustrisiken, da keine Basisdaten zur Unternehmensentwicklung vorhanden sind, die eine verlässliche Prognose zulassen würden.
1. Seed-Financing	Phase vor der Unternehmensgründung, meist konzeptionelle und strategische Unterstützung	Geringe Kapitalinvestition, sehr hohe Renditeaussichten bei erfolgreichem Unternehmensstart	Hohe Verlustrisiken durch zahlreiche Unwägbarkeiten, da das Unternehmen im eigentlichen Sinne noch nicht existiert. Meist findet hier eine Unterstützung durch öffentliche Kapitalgeber statt.
2. Start-up-Financing	Phase der Unternehmensgründung; konzeptionelle Phase ist im Abschluss; eine kommerzielle Vermarktung der Produkte hat noch nicht stattgefunden.	Kapitalinvestitionen erforderlich, um den meist verlustreichen Start zu überbrücken bzw. durchzuhalten. Bei erfolgreichem Markteintritt sehr günstige Renditeaussichten. Investoren sind bemüht, als Hauptpartner einzutreten und das Management zu unterstützen, um den Erfolg sicher zu stellen.	Verlustrisiken liegen hauptsächlich im Missglücken des Markteintritts bzw. bei umkämpften Technologiemärkten, eines zu späten Markteintritts oder zu wenig ausgereifter Produkttechnologien mit eventuellen Rückrufaktionen etc.
3. First-Stage-Financing	Markteintritt des Unternehmens; Forschungs- und Entwicklungsstadium ist weitgehend abgeschlossen; Zielmärkte lokalisiert; Gewinne werden noch nicht realisiert.	Chancen im Verhältnis zu den vorausgehenden Phasen bei ausreichender Marktanalyse relativ absehbar, Kapitalbedarf je nach Branche und Marktstrategie mittel bis hoch.	Risiken sind einschätzbarer als in den vorausgegangenen Phasen, Risikostruktur wandelt sich von Totalausfallrisiko zum „Durchhalterisiko", vor allem bei Liquiditätsengpässen

Late-stage-financing	Unternehmen im Wettbewerb	Ertragschancen durch die Unternehmensumsätze/-gewinne absehbarer.	Risiken überschaubarer, da sie aus Vergangenheitsdaten des Unternehmens entwickelt werden können.
Second-Stage-Financing	Das etablierte Unternehmen agiert am Markt; ökonomische Erfolge sind bekannt, Ressourcen werden ausgeschöpft. Zentrale Gesichtpunkte des Kapitalbedarfs sind Sicherung des Unternehmensbestandes und Marktdurchdringung.	Unternehmenswertbestimmungen sind bereits gut möglich, daher sind auch Kapitalinvestitionen von ihrer Renditechance her eingeschränkter. Dagegen steht die höhere Sicherheit der Kapitalinvestition.	Risiken in dieser Investitionsphase sind überschaubarer
Third-Stage-Financing	Strategische Ausschöpfung von Marktpotenzialen; Marktexpansion u.v.m.	Investition in etablierte Firmen mit Gewinnnachweisen; Kapitalbedarf z.B. für Expansionen, Investitionen in technologische Erweiterungen	Geringeres Kapitalrisiko, abhängig von Investitionszwecken
Fourth-Stage-Financing	Unternehmen in Expansionsphase; möglicherweise strategische Umorientierung des Unternehmens z.B. durch Börsengang, Verkauf etc.	Neue Investitionen greifen die Chancen von Veränderungen in der Unternehmensstruktur auf. Frühere Kapitalbeteiligungen setzen auf Exit-Strategien, z.B. IPO, Trade Sale, Buy out etc.	Phase der Deinvestition

Quelle: Eckstaller, C., Venture Capital, 2005

Wie der obige Überblick verdeutlichen kann, sind Investitionen in Unternehmen je nach Investitionszeitpunkt von unterschiedlichen Chancen und Risiken geprägt. Eine Fondsgesellschaft wird daher meist bestrebt sein, bei einer Investition in verschiedene Zielunternehmen die Risikosituation zu streuen. Damit können Ertragschancen zwar sinken, dies dient jedoch der generellen Ertragssicherung. Die Rendite eines Beteiligungsfonds hängt somit auch davon ab, wie hoch der Anteil der ertragsträchtigen „Stars" am Portfolio ist.[110,111]

---

[110] Geigenberger, I., Risikokapital, S. 23
[111] Schefczyk, M., Finanzieren

2. Risiken von Private Equity/Venture Capital Anlagen

Die Rendite einer Kapitaleinlage in Private Equity oder Venture Capital hängt überwiegend vom unternehmerischen Erfolg des Beteiligungsunternehmens ab. Sofern die Geschäftsidee scheitert, ein wesentliches Entwicklungsvorhaben misslingt, ein Wettbewerber erfolgreich gewerbliche Schutzrechte angreift, der Markt sich grundlegend ändert, die Produkte verborgene Mängel haben, die erst im Gebrauch offen gelegt werden, oder die Geschäftsleitung des Beteiligungsunternehmens schlecht wirtschaftet usw., kann das von der Fondsgesellschaft eingesetzte Kapital teilweise oder vollständig verloren sein. Wenn im Portfolio der Fondsgesellschaft mehrere Beteiligungen derart misslingen, besteht für die Fondsgesellschaft und infolgedessen für den Anleger sogar das Risiko, dass mit dem Gesellschaftskapital überhaupt keine Renditen erzielt werden oder das Kapital sogar ganz oder zumindest teilweise aufgezehrt wird.

In den letzten Jahrzehnten war Venture Capital zwar eine Anlageform mit spektakulären Renditen im Vergleich zu anderen Investitionsmöglichkeiten. Dennoch: Die Venture Capital Branche rechnet eine Ausfallquote von 30 - 50 Prozent ein, insbesondere bei Frühphasen-Finanzierungen.[112]

---

[112] www.wagniskapitalfonds.de

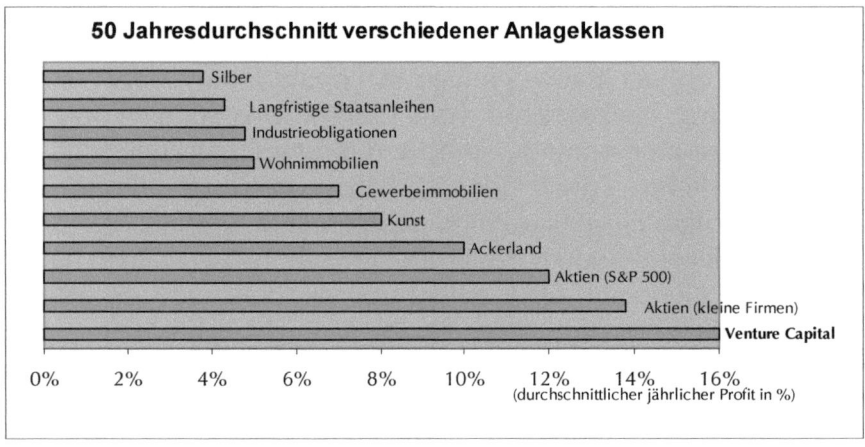

Quelle: Morgan Stanley American Investments 1945 - 1994, RWB

Nach Angaben der European Venture Capital Association (EVCA) lagen die Renditen in Europa in den Jahren 1992 - 2001 der gesamten Private Equity Branche bei durchschnittlich 16,5%.

Um den Risiken zu begegnen, wählen Private Equity/Venture Capital Gesellschaften meist Beteiligungen bei Unternehmen in verschiedensten „Lebensphasen", aus verschiedenen Branchen, Regionen, Marktsegmenten und/oder mit unterschiedlicher Risikostruktur. Je breiter die Portfoliodiversifizierung bei einem Fonds angelegt ist, desto geringer ist das Risiko des Totalverlustes.

Eine klassische Anlageform im Private Equity/Venture Capital Fonds ist der **Direktinvestmentfonds**. Diese waren bis vor kurzem mit einem Portfolio von mindestens 5 bis 10 Investments und Mindestbeteiligungen auf Anlegerseite von 250.000 € verbreitet, was dazu führte, dass sich überwiegend institutionelle Anleger wie Banken und Versicherungen an Direktinvestmentfonds beteiligt haben. Dem breiten Publikum waren, hauptsächlich wegen des großen Kapitalbedarfs und der relativ hohen Risikostruktur, solche direkten Investments weniger zugänglich. Bei dieser Anlageform ist die Treffsicherheit bei der Auswahl der Zielunternehmen und damit das Know-how des Auswahlgremiums besonders bedeutsam. Alfred Wieder, Vorstandsvorsitzender der Alfred

Wieder AG, welche Direktinvestmentfonds als Publikumsfonds anbietet, ist überzeugt „wenn das Fondsmanagement die Kompetenz besitzt, geeignete Zielunternehmen zu identifizieren, sind die Renditechancen deutlich höher als bei Dachfonds".

Neben den Direktinvestmentfonds dominieren in Deutschland **Dachfonds** (auch: Fund of Funds), die das Risiko eines Totalverlustes auf zahlreiche verschiedene Zielfonds verteilen; damit aber auch die Ertragschancen mindern. Diese Konstruktion scheint deutschen Anlegern entgegen zu kommen, die sich risikoscheuer als beispielsweise amerikanische Anleger verhalten.[113] Folgende Grafik soll das Dachfonds-Konstrukt skizzieren:

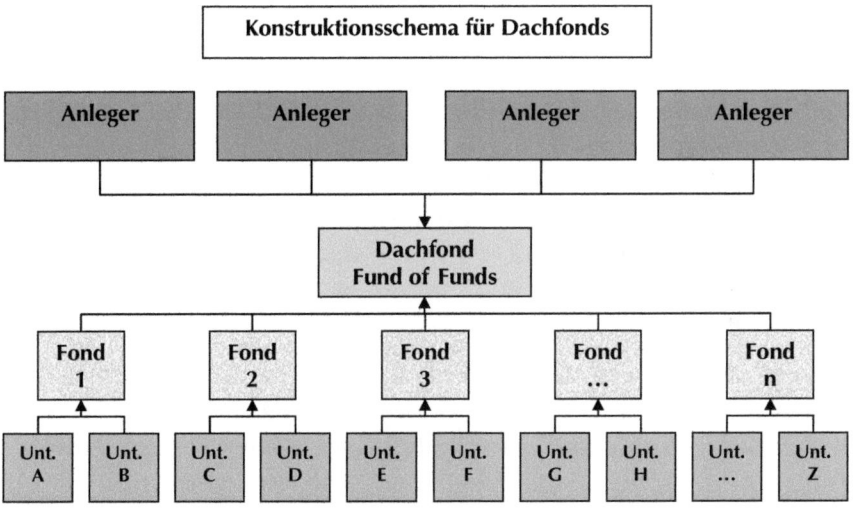

Anmerkung: In einem Dachfond kann eine beliebige Anzahl von Zielfonds, wiederum jeweils mit einer variierenden Anzahl von Zielunternehmen, gebündelt werden.

Quelle: Eckstaller, C., Venture Capital, 2005

---

[113] Vgl.: Weitnauer, W., Handbuch, S. 73

Zu den Private Equity Anlageformen, die Risiken begrenzen, zählen auch **Mezzanine-Fonds**. Diese Fonds vergeben Darlehen an Unternehmen, die entweder zu klein oder finanziell zu angeschlagen sind, um Kapital über hochverzinsliche Bonds oder Wandelanleihen aufzubringen. Bei den Mezzanine-Fonds besteht ein wesentlicher Teil der Erträge aus vertraglich vereinbarten Zinszahlungen, dieser Fremdkapital„anteil" in einer Anlage senkt das Risiko für den Anleger. „Europa ist der Kernmarkt für mezzanine – Finanzierungen – diese Anlageform spielt in Europa eine wichtigere Rolle als in USA", so Steffen Kastner, Managing Director von goldman Sachs.

Abschließend soll noch einmal im Überblick auf Chancen und Risiken eingegangen werden:

Private Equity/Venture Capital Anlagen bieten im Allgemeinen **CHANCEN** auf **überdurchschnittliche Kapitalerträge**, teilweise auch mit **laufenden Ausschüttungen** und Aussichten auf **beständige Wertsteigerungen**. Bei entsprechender Anlagestrategie können für den Investor **Risiken begrenzt** und **Anlagemöglichkeiten** je nach Anlegerzielen **individuell zugeschnitten** werden. Je nach Anlage und Anlegersituation können damit auch steuerliche Vorteile erzielt werden.

Den Chancen stehen **RISIKEN** gegenüber, die hauptsächlich im **Verlust des eingesetzten Kapitals** kumulieren. Wiederum je nach Anlage können Währungs- und Zinsrisiken zum Tragen kommen und zudem schränken Eigenkapitalinvestitionen, die auf eine längere Bindungsdauer ausgelegt sind, die Anlegerflexibilität ein. Entscheidend ist jedoch anzumerken, dass **Anleger sich im Vorfeld gut informieren** sollten, da der **Markt** von Private Equity/Venture Capital Anbietern und Projekten bisher sehr **intransparent**, eine staatliche Überwachung durch das Anlegerschutzverbesserungsgesetz (AnSVG) und der Genehmigungspflicht für Anbieterprospekte zwar verbessert, aber nicht „optimal" ist.

Kapitel 8:
Glossar – Wichtige Begriffe rund um „Venture Capital"

Buy out
Übernahme durch Eigenkapital und Management.

BVK
Bundesverband deutscher Kapitalbeteiligungsgesellschaften. Zu den Aufgaben zählen Förderung des Verständnisses für die Tätigkeit von Kapitalbeteiligungsgesellschaften in der Öffentlichkeit, Unterstützung der Mitgliedsgesellschaften bei der Darstellung ihrer Aufgaben, Förderung der Zusammenarbeit zwischen den verschiedenen Mitgliedern, Zusammenarbeit mit Institutionen und Verbänden auf nationaler und internationaler Ebene.

Dachfonds
Auch: Funds-of-Funds. Der Dachfond ist ein Fond, der in andere Private Equity Fonds investiert und damit das Risiko eines Totalverlustes für den Investor reduziert.[114]

Due Dilligence
Prüfung und Bewertung als Grundlage für die Investitionsentscheidung in ein Beteiligungsunternehmen.

Exit
Ausstieg der Investoren aus einer Beteiligung durch den Verkauf von Aktienanteilen. Hierdurch wird der Gewinn des Investments realisiert.

---

[114] Jesch, Th. A. Private Equity Beteiligungen, S. 205

Exitkanäle

Verschiedene Ausstiegsvarianten für Investoren. Gängige Möglichkeiten sind: Going public (Börsengang, z.B. IPO), Verkauf an ein anderes Unternehmen (Trade sale), Rückkauf durch die Altgesellschafter (Buy-back).

Geschlossene Fonds

Finanzierung von definierten, in der Regel größeren Investitionsprojekten.

Bei den geschlossenen Fonds kann in der Regel nur während eines bestimmten Zeitraums (Platzierungs- beziehungsweise Emissionszeitraum) investiert werden, danach wird der Fonds „geschlossen". Der Fonds wird an einem zu Beginn festgelegten Zeitpunkt wieder aufgelöst und die Beteiligungsanteile an die Inhaber ausgezahlt.

Ein geschlossener Fonds ist ein Beteiligungsgeschäft, das heißt der Käufer wird Anteilseigner und Miteigentümer einer Gesellschaft. Dies kann erhebliche steuerliche Auswirkungen haben und birgt die entsprechenden Vorteile aber auch Risiken einer echten Beteiligung.

Independent Fonds

Fonds einer unabhängigen Venture Capital Gesellschaft, die von keiner Finanz- oder Industriegruppe kontrolliert wird.

IPO (Initial Public Offering)

Amerikanischer Ausdruck für den Börsengang eines Unternehmens. Bei diesem ersten Börsengang (Erstemission) des Unternehmens (mit Publikumsöffnung) erhält eine breite Öffentlichkeit die Möglichkeit, durch den Kauf von Aktien in das Unternehmen zu investieren.

MBI (Management-Buy-In)
Übernahme des Unternehmens durch ein externes Management.

MBO (Management-Buy-Out)
Übernahme des Unternehmens durch das vorhandene Management.

LBO (Leverage-Buy-Out)
Überwiegend fremdfinanzierte Unternehmensübernahme.[115] Besondere Hebelwirkung für das eingesetzte Kapital, wenn die Unternehmensbeteiligung höhere Renditen erwirtschaftet als Fremdkapitalzinsen gezahlt werden müssen. Birgt jedoch ein erhöhtes Risiko bei einer möglichen Unternehmensinsolvenz, weil zusätzlich zum Unternehmensverlust Zinsen für das Fremdkapital aufgebracht werden müssen.[116]

Letter of intent
Absichtserklärung, die über eine bloße Interessensbekundung hinausgeht. In Zusammenhang mit Venture Capital wird damit die Absichtserklärung bezeichnet, die zwischen Venture Capital Geber und Venture Capital Nehmer das Beteiligungsinteresse und die Beteiligungskonditionen festhält (Siehe auch „Term sheet").

Offener Fonds
Wertpapier, welches börsentäglich gehandelt werden kann. Offene Fonds können von jedem erworben werden, sie unterliegen der staatlichen Genehmigung und Aufsicht durch das Bundesamt für Finanzdienstleistungsaufsicht in Deutschland. Die Genehmigungsverfahren für Fonds sind mittlerweile EU-weit vereinheit-

---

[115] Weitnauer, W., Handbuch, S 578
[116] Vgl. Manager-Magazin, „Who is who der Firmenjäger", 19.08.2004

licht, so dass ausländische Fonds mit einer Genehmigung durch eine ausländische, der BAFin ähnliche Behörde, ebenfalls in Deutschland vertrieben werden dürfen. Ein offener Fonds ist ein Sondervermögen und benötigt eine Depotbank, die für die Verwahrung der Fondsanteile verantwortlich ist und eine Kapitalanlagegesellschaft (KAG), die für das Management des Fonds zuständig ist. Aus der staatlichen Kontrolle lassen sich keine Aussagen zur wirtschaftlichen Qualität der einzelnen Fonds ableiten.

Bei offenen Fonds kann der Anleger jederzeit ein- oder aussteigen. Die Fondsgesellschaft ist verpflichtet, Anteile zum gültigen Tageskurs (Rücknahmepreis) zurück zu nehmen. Die Rücknahmepreise werden börsentäglich ermittelt und veröffentlicht.

Publikumsfonds

Fonds für private Anleger mit geringeren Investitionssummen.

Spin-off

Unternehmensneugründungen durch Ausgliederung von innovationsträchtigen Teilen aus bestehenden, meist größeren Unternehmenskomplexen.

Track sale

Veräußerung der Unternehmensanteile an einen industriellen Investor.

Term sheet

Dokument, das die Beteiligungskonditionen, die zwischen Venture Capital Geber und Venture Capital Nehmer vereinbart wurden, festhält.

Track record

Erfolgs- und Erfahrungsgeschichte einer Beteiligungsgesellschaft bzw. eines Unternehmens oder eines Managers bzw. Unternehmers.

Turnaround-financing

Finanzierung (Sanierungsfinanzierung) eines zunächst gescheiterten, aber hinsichtlich der Unternehmensidee grundsätzlich als Erfolg versprechend eingestuften Unternehmens.

Venture Capital Beteiligung

Beteiligung an einer Venture Capital Gesellschaft, die mit dem Investorenkapital Gesellschaftsanteile an einem Beteiligungsunternehmen erwirbt. Zielsetzung ist der gewinnbringende Verkauf der Anteile nach einigen Jahren.

Venture Capital Fonds

Fonds, aus dem das Kapital für die Investments (Venture Capital Beteiligungen) bereitgestellt wird. Investoren des Fonds sind sowohl institutionelle Anleger (Kreditinstitute, Versicherungen, Staat, Pensionsfonds) als auch Privatpersonen.

Literaturquellen

Achleitner, A.-K.; Kaserer, Ch.; Moldenhauer, B.: German Entrepreneurial Index (GEX), Ein Style-Index zur Performance eigentümergeführter Unternehmen. In: Finanz Betrieb 2/ 2005.

Achleitner, A.-K.; Poech, A.; Groth, Th.: Beteiligungskapital als Finanzierungsalternative für mittelständische Unternehmen. Umfrage der bayerischen Industrie- und Handelskammern in Kooperation mit dem Center for Entrepreneurial and Financial Studies (CEFS) der Technischen Universität München, im Juni 2005.

Achleitner, A.-K. (Hrsg.): Handbuch Investment Banking, unter Mitarb. von Michel Charifzadeh, 3. Auflage, Wiesbaden 2002.
(Handbuch)

Achleitner, A.-K.; Engel, R.: Der Markt für Inkubatoren in Deutschland, European Business School, Schloss Reichartshausen, Östrich-Winkel, 2001,www.cefs.de.
(Inkubatoren)

Amador, M.B.; Lohmann, K.; Pleschak, F.: Beteiligungskapital in der Unternehmensfinanzierung, Wiesbaden 1999.

Busse, F.-J.: Grundlagen der betrieblichen Finanzwirtschaft, 5., völlig überarb. und wesentl. erweiterte Aufl., München, Wien 2003.
(Finanzwirtschaft)

Bundesministerium der Finanzen (Hrsg.):
- Eigenkapitalquoten deutscher Unternehmen, Monatsbericht 08.2004.
- Finanzwirtschaftlich wichtige Wirtschaftsdaten, Monatsbericht 08.2005.
  www.bundesfinanzministerium.de

Bundesverband Deutscher Kapitalbeteiligungsgesellschaften BVK:
- BVK Dokumentationen. Private Equity von A bis Z
- BVK Hintergrundinformation Nr.2, März 2004
- BVK Mitteilungen
    - Pressemitteilung vom 03.05.2005

- BVK Pressefrühstück, u.a.:
  - Der deutsche Beteiligungsmarkt im Jahr 2004 – Rückblick und Ausblick vom 15.02.2005
  - Die Entwicklung des Beteiligungsmarktes im I. Quartal 2005 vom 10.05.2005
- BVK Special, u.a.:
  - Private Equity in Europa 2003 vom 23.06.2004 (BVK Special)
  - Venture Capital in den USA vom 05.08.2004
- BVK Statistik:
  - Early stage-Venture Capital 2004 in Zahlen vom 11.03.2005 (Statistik vom 11.03.05)
- BVK Studie:
  - IPO-Markt 2005-Einschätzung der aktuellen Börsensituation aus Sicht der deutschen Beteiligungsgesellschaften vom 20.07.2005

Clay, Chr.: Silicon Valley, http:// c3o.org/siliconvalley/inhalt.htm.
(Silicon Valley)

Eckstaller, C.: Unveröffentlichte Unterlagen zum Seminar „Venture Capital", Sommersemester 2005.
(Venture Capital)

EFCA European Private Equity & Venture Capital Association (Hrsg.):
European Technology Success Stories, Europe Private Equity Special Paper, Third Update, Zaventem, 2003.
(Success Stories)

EFCA European Private Equity & Venture Capital Association (Hrsg.):
Benchmarking European Tax & Legal Environments, Indicators of Tax & Legal Environments Favouring the Development of Private Equity and Venture Capital in European Member States, Zaventem, 2003.
(Benchmarking)

Fischer, L.: Geschlossene Fonds unter staatlicher Kontrolle. In: Die Welt vom 05.07.05, S. 21.

Geigenberger, I.: Risikokapital für Unternehmensgründer, der Weg zum Venture Capital, München 1999.
(Risikokapital)

Hackl, E.; Jandl, H.: Beteiligungsfinanzierung durch Venture Capital und Private Equity. In: Die neue Unternehmensfinanzierung, strategisch finanzieren mit bank- und kapitalmarktorientierten Instrumenten, hrsg. V. Wilfried Stadler, Frankfurt/Main, 2004, S. 194 ff.
(Beteiligungsfinanzierung)

Hallweger, M.: Die Kunst im Venture Capital Fondsmanagement. Die Auswahl eines richtigen Zielunternehmens, unveröffentlichtes Manuskript, München 2005.
(Venture Capital Fondsmanagement)

Heise, M.: Finanzstandort Deutschland im Wettbewerb. Entwicklungsoptionen und Handlungsbedarf. Vortrag gehalten auf der Konferenz „Initiative Finanzstandort Deutschland" im Rahmen der 7. Euro Finance Week 2004, www.finanzstandort.de.
(Finanzstandort)

Huber-Jahn, I.: Unveröffentlichte Unterlagen zum Seminar „Venture Capital", Sommersemester 2005.
(Venture Capital)

Institut der deutschen Wirtschaft Köln (Hrsg.): Deutschland in Zahlen, Ausgabe 2005, Köln 2005.
(Zahlen)

Institut der Wirtschaftsprüfer in Deutschland e.V. (IDW): IDW für aussagefähigere Verkaufsprospekte. In: Presseinformation 4/05 vom 11. August 2005.

Jesch, Th. A.: Private Equity Beteiligungen. Wirtschaftliche, rechtliche und steuerliche Rahmenbedingungen aus Investorensicht, Wiesbaden 2004.
(Private Equity Beteiligungen)

Kalbhenn, Ch.: Deutsche Börse bringt Aktienindex für den Mittelstand. In Börsen-Zeitung online vom 26.11.2004.

KfW Bankengruppe: Beteilungsfinanzierung, www.kfw.de/DE_Home/Beteiligungsfinanzierung/index.jsp vom 3.8.05.

Leopold, G.; Frommann, H.: Eigenkapital für den Mittelstand: Venture Capital im In- und Ausland, München 1998.

Lessat, V.; et al.: Beteiligungskapital und technologieorientierte Unternehmensgründungen. Markt, Finanzierung, Rahmenbedingungen, Wiesbaden 1999.

Malek, M.: Vortrag gehalten am Institut für Informatik, Humboldt-Universität zu Berlin, 9.12.98.
(Vortrag)

Mittelstand Plus: 2002-2005, www.mittelstand-plus.de

Nathusius, K.: Fund Raising, Presentation at the first EVCA Venture Capital Seminar, Brussels 1987.
(Fund Raising)

Nathusius, K.: Grundlagen der Gründungsfinanzierung. Instrumente, Prozesse, Beispiele, Wiesbaden 2001.

Nathusius, K.: Die Gründungsfinanzierung, Frankfurt 2003.

National Business Incubation Association, Business Incubation, review, www.nbia.org.

o.V.: Blackstone verspricht 30 Prozent Rendite. In: www.welt.de/data/2004/11/01/354045.html.
(30 Prozent Rendite)

PricewaterhousCoopers, PWC Deutsche Revision AG: Venture Capital – Wachstumsmarkt der Zukunft, 10/2001.
(Wachstumsmarkt)

Riedel, Th.; Trost, R.; Loges, H.J.: Die Rating-Szene in Deutschland, München 2004.
(Rating-Szene)

Romain, A.; van Pottelsberghe, B.: The Economic Impact of Venture Capital, Deutsche Bundesbank Discussion Papers, Series 1, Nr. 18/2003.
(Economic Impact)

Schaaf, J.: Private Equity in Europa: Buy-outs stützen Wachstum, Gründungsfinanzierung abgestürzt. In Economics. Digitale Ökonomie und struktureller Wandel, Nr. 49 vom 26.01.2005.
(Private Equity)

Schefczyk, M.: Erfolgsstrategien deutscher Venture Capital-Gesellschaften, Stuttgart 1998.

Schefczyk, M.: Finanzieren mit Venture Capital, Stuttgart 2000.
(Finanzieren)

Stadler, W. (Hrsg.): Die neue Unternehmensfinanzierung, strategisch finanzieren mit bank- und kapitalmarktorientierten Instrumenten, Frankfurt/Main, 2004.
(Unternehmensfinanzierung)

Stadler, W.: Die neuen Spielregeln: Von der bankorientierten zur kapitalmarkorientierten Finanzierungskultur. In: Die neue Unternehmensfinanzierung, strategisch finanzieren mit bank- und kapitalmarktorientierten Instrumenten, hrsg. V. Wilfried Stadler, Frankfurt/Main, 2004, S.14 ff.
(Spielregeln)

Steinmüller, W.: Innovative Kapitalmarktinstrumente zur Mittelstandsfinanzierung. Mezzanine-Finanzierung. Verbriefung von Mittelstandsdarlehen. Vortrag gehalten auf der Konferenz „Initiative Finanzstandort Deutschland" im Rahmen der 7. Euro Finance Week 2004, www.finanzstandort.de.

Stiftung „Deutsches Venture Capital Institut" (DVCI): Übersicht über den Venture Capital-/Private Equity-Markt. www.dvci.de/de/PE/113.html.

Sucher, J.; Lange, K.: Das Who is Who der Firmenjäger. In: www.manager-magazin.de/unternehmen/mittelstand/0,2828,313831,00.html vom19.08.2004, 08:41 Uhr.
(Who is who)

Vollmers, F.: Rating-Agenturen. Entscheider über Kampfklassen. In Hochschulanzeiger, Berufseinstieg & Karriere vom 24.11.2003.

Weber, Th.; Suhl, W.: Venture Capital – Wachstumsmarkt der Zukunft. Studie von PricewaterhouseCoopers in Zusammenarbeit mit dem BVK, hrsg. von PwC Deutsche Revision, Frankfurt/Main 2001.

Weder di Mauro, B.: Standort Deutschland. Vortrag gehalten auf dem Unternehmerforum der KPMG, Juli 2005.

Weitnauer, W.: Handbuch Venture Capital. Von der Innovation zum Börsengang, 2. überarb. Auflage, München 2001.
(Handbuch)

Internetquellen und weiterführende Internetlinks:

Börse München:
- www.boerse-muenchen.de
- www.deutsche-boerse.com
- www.maccess.de

Bundesaufsichtsamt für das Kreditwesen: www.bawe.de

Bundesministerium für Finanzen: www.bundesfinanzministerium.de

Bundesverband Deutscher Kapitalbeteiligungsgesellschaften:
www.bvk-ev.de

Business Angels Netzwerk: www.business-angels.de

Institut der Wirtschaftsprüfer (IDW): www.idw.de

KfW Bankengruppe: www.kfw.de

LfA Förderbank Bayern:
- www.lfa.de
- www.bayg.de (Bayerische Beteiligungsgesellschaft mbH)
- www.bayernkapital.de (Bayern Kapital Risikokapitalbeteiligungs GmbH)
- www.bayern-innovativ.de

Ratingagenturen, Beispiele:
- www.ehrg.de bzw. www.eulerhermes-rating.com
- www.fondscope.de
- www.gub-analyse.de bzw. www.gub-fondsguide.de
- www.scope.de
- www.ura.de
- www.ratingscience.de

Stiftung „Deutsches Venture Capital Institut" (DVCI): www.dvci.de

Venture Capital Gesellschaften, Beispiele:
- www.allianz.com
- www.allianz.com/azcom/dp/cda/0,,275944-44,00.html
- www.apax.com
- www.aurelia-pe.de
- www.basf.de
- www.basf-vc.de
- www.blackstone.com
- www.bmpag.de
- www.bmp.com
- www.doughtyhanson.com
- www.dvcg.de
- www.kkr.com
- www.mig.ag
- www.permira.de
- www.targetpartners.de
- www.tfg.de
- www.thecarlylegroup.com

weitere Links:

www.cefs.de

www.diegruender.at

www.innovationen-fuer-deutschland.de

www.wagniskapitalfonds.de

http://c3o.org/siliconvalley/wirtschaft/venturekapital.htm

http://h18020.www1.hp.com/corporate/history.htm

Ausgewählte Zeitschriftenquellen:
- Börsen-Zeitung online, www.boesen-zeitung.com
- Der *Deutsche Wirtschaftsbrief*, hrsg. v. Verlag für die Deutsche Wirtschaft AG
- Der Geldanlage*brief*, hrsg. v. 1plus Informationsdienste GmbH www.geldanlagebrief.de
- Finance, hrsg. v. Verlagsgruppe Frankfurter Allgemeine Zeitung GmbH
- Handelsblatt, hrsg. v. Verlagsgruppe Handelsblatt GmbH www.handelsblatt.com
- M&A, MERGERS AND ACQUISITIONS, hrsg. v. Verlagsgruppe Handelsblatt GmbH
- Venture Capital *Magazin*, hrsg. v. GoingPublic Media AG
- Zeitschrift für das gesamte Kreditwesen

Ausgewählte rechtliche Quellen
- Einkommensteuergesetz (EStG) vom 16. Oktober 1934, RGBl I 1934, 1005, neugefasst durch Bek. v. 19.10.2002 I 4210, (2003 I 179), zuletzt geändert durch Art. 28 G v. 21. 6.2005 I 1818,
- Gesetz über das Kreditwesen (KredWG) vom 10. Juli 1961, BGBl I 1961, 881, neugefasst durch Bek. v. 9. 9.1998 I 2776; zuletzt geändert durch Art. 2 G v. 22. 5.2005 I 1373,
- Gesetz zur Förderung von Wagniskapital vom 30. Juli 2004, BGBl. I Nr. 41 vom 5. August 2004, S. 2013.
- Gesetz zur Verbesserung des Anlegerschutzes (Anlegerschutzverbesserungsgesetz – AnSVG) vom 28. Oktober 2004, BGBl. I Nr. 56 vom 29. Oktober 2004, S. 2630.
- Verordnung über Vermögensanlagen-Verkaufsprospekte (Vermögensanlagen-Verkaufsprospektverordnung – VermVerkProspV) vom 16. Dezember 2004

Bildernachweis
- The Bettmann Archive in: Microsoft ® Encarta ® Enzyklopädie 2005
- The New York Public Library in: Microsoft ® Encarta ® Enzyklopädie 2005
- www.gutenberg-museum.de
- www.8bit-museum.de
- www.wikipedia.de
- http://c3o.org/siliconvalley/wirtschaft/p/svfirmen.jpg

Printed by Libri Plureos GmbH
in Hamburg, Germany